Het Tijdloze Pad

Het Tijdloze Pad

Een stap voor stap leidraad voor spirituele ontwikkeling

Swami Ramakrishnananda Puri

Mata Amritanandamayi Center, San Ramon
Californië, Verenigde Staten

Het Tijdloze Pad
Een stap voor stap leidraad voor spirituele ontwikkeling
Door Swami Ramakrishnananda Puri

Uitgegeven door:
   Mata Amritanandamayi Center
   P.O. Box 613
   San Ramon, CA 94583
   Verenigde Staten

––––––––––––––– *The Timeless Path (Dutch)* –––––––––––––––

Copyright © 2010 door Mata Amritanandamayi Mission Trust, Amritapuri, Kerala 690546, India
Alle rechten voorbehouden. Niets uit deze uitgave mag worden verveelvoudigd, opgeslagen in een geautomatiseerd gegevensbestand, of openbaar gemaakt, in enige vorm of op enige wijze, hetzij elektronisch, mechanisch, door fotokopieën, opnamen, of op enige andere manier, zonder voorafgaande schriftelijke toestemming van de uitgever

Eerste uitgave door het MA Center: mei 2016

In Nederland:
   www.amma.nl
   info@amma.nl

In België:
   www.vriendenvanamma.be

In India:
   www.amritapuri.org
   embracingtheworld.org
   inform@amritapuri.org

Opdracht

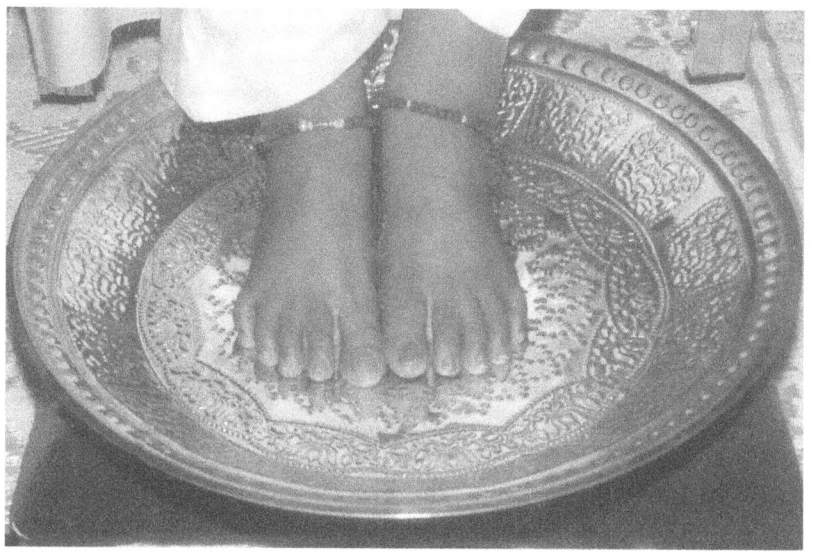

Ik bied dit boek nederig aan aan de lotusvoeten van mijn Sadguru, Sri Mata Amritanandamayi.

Inhoud

Voorwoord — 9

Sri Mata Amritanandamayi Devi — 13

Hoofdstuk 1
Waarom mensen naar Amma komen — 15

Hoofdstuk 2
De band die alle banden verbreekt — 27

Hoofdstuk 3
Het belang van de guru — 39

Hoofdstuk 4
De rol van Amma's āshram — 67

Hoofdstuk 5
Zuivering door karmayoga — 83

Hoofdstuk 6
Onze visie verruimen   111

Hoofdstuk 7
Goddelijke eigenschappen ontwikkelen   119

Hoofdstuk 8
Het verfijnen van de geest   137

Hoofdstuk 9
De oorzaak van verdriet verwijderen   167

Hoofdstuk 10
Bevrijding in dit leven en hierna   199

Richtlijnen voor de uitspraak van de Sanskriet citaten   212

Woordenlijst   214

Voorwoord

*O Godin, leid mij alstublieft langs dit tijdloze pad,
zodat ik in Uw aanwezigheid mag leven.
U, die het universum betovert,
leid mij alstublieft op elk moment.
O belichaming van bewustzijn,
bestaan en gelukzaligheid,
ik buig voor U met gevouwen handen.*

Uit de door Amma geschreven bhajan
„*En Mahādevī Lokeśi Bhairavi*"

Spiritualiteit wordt vaak omschreven als een pad, maar waar begint dit pad en waar eindigt het? Waar leidt het ons heen? En ook, wie heeft het gebaand? Is de zoeker zelf de wegbereider, die zich eenzaam door de jungle met zijn kapmes een weg baant? Of is het pad al gebaand door meesters uit het verleden? Zijn er meerdere paden of slechts één? En als Amma's kinderen: wat is het pad precies dat zij voor ons bereidt? Als het spirituele leven een reis is, zijn dit allemaal belangrijke vragen.

In de bhajan die als inleiding tot dit voorwoord dient, bidt Amma tot Devi om haar te leiden langs het shāshvata mārga. Shāshvata betekent 'eeuwig'; mārga betekent 'pad'. Eeuwig wordt hier echter niet gebruikt om aan te geven dat het pad nooit ophoudt. Wat Amma bedoelt is dat het spirituele pad zelf tijdloos is, dat het voor elke generatie, in elke cyclus van de schepping, hetzelfde blijft.

Hindoeïsme wordt vaak Sanātana Dharma, de eeuwige manier van leven, genoemd. Dit is omdat er van de Veda's, de belangrijkste teksten die het spirituele pad beschrijven, wordt gezegd dat ze zonder begin (anadi) en zonder einde (ananta) zijn. De Veda's zijn niet door mensen geschreven, maar zijn een eeuwig deel van het universum; of zoals sommigen poëtisch zeggen: Gods adem. Ze worden niet in elke nieuwe cyclus van de schepping opnieuw geformuleerd, maar rijzen op in het bewustzijn van heiligen en wijzen, mannen en vrouwen met zo'n zuivere geest dat de Vedische mantra's en waarheden er als vanzelf uit te voorschijn komen. Het zijn deze mensen die de Veda's doorgeven aan de eerste leerlingen. Zo worden ze steeds van generatie op generatie doorgegeven in een eindeloze opvolging.

In dit boek zullen we dit Tijdloze Pad verkennen waarbij we de belangrijkste wendingen ervan onder de loep zullen nemen. We zullen ook laten zien dat, hoewel Amma de heilige geschriften nooit bestudeerd heeft, het pad dat zij voorschrijft hetzelfde is als wat door de Veda's voorgeschreven wordt en later samengevat in traditionele geschriften als de Bhagavad Gītā terugkomt. Amma zei ooit tegen een interviewer, die haar vroeg wat ze onderwees: "Mijn pad is het pad van Sri Krishna[1], er is hier niets nieuws".

Door dit boek zullen we zien dat wat velen beschouwen als een diversiteit aan paden – Karmayoga, meditatie, jñāna yoga, etc. – allemaal aspecten van één pad zijn. Amma zegt vaak: "Karma (activiteit), jñāna (kennis) en bhakti (toewijding) zijn alle essentieel. Als de twee vleugels van een vogel toewijding en activiteit zijn, dan is kennis zijn staart. Alleen met behulp van alle drie kan een vogel naar grote hoogten omhoog vliegen." Karmayoga en oefeningen zoals meditatie stuwen de vogel voorwaarts terwijl de wijsheid van spirituele meesters hem de goede richting in sturen.

Iemand zoals Amma die een zuivere spirituele visie heeft, accepteert alle religies en begrijpt de juiste plaats die hun

---

[1] 'Krishna's pad' zoals gepresenteerd in de Bhagavad Gita was een samenvatting van het Vedische pad.

Voorwoord

oefeningen in het grote kader van het ene pad hebben. Amma verklaarde in de Algemene Vergadering van de Verenigde Naties in New York in 2000: "Het doel van alle religies is hetzelfde, zuivering van de menselijke geest". De hindoes hebben hun eigen systeem van geestelijke zuivering, net zoals de boeddhisten, christenen, joden, jains, moslims etc. Sanātana Dharma accepteert ze allemaal. Maar uiteindelijk, wanneer de geest weer zuiver geworden is, moet de zoeker al die oefeningen overstijgen en zijn ware natuur begrijpen. Alleen zo bereikt de zoeker het einde van het Tijdloze Pad. Van de Veda's en het pad dat hieruit ontstaan is, wordt gezegd dat die zonder begin zijn. Dit geldt ook voor spirituele onwetendheid, maar in tegenstelling tot de Veda's heeft die wel een einde. Het einde komt met het zegenrijke inzicht dat wat waarlijk tijdloos is in feite ons eigen Zelf is.

Swami Ramakrishnananda Puri
Amritapuri, maart 2009

Sri Mata Amritanandamayi

"Zolang er genoeg kracht is om mijn hand uit te strekken naar degenen die bij me komen, om mijn hand te leggen op de schouder van iemand die huilt, zal Amma darshan blijven geven. Mensen liefdevol strelen, troosten en hun tranen afvegen totdat dit sterfelijke lichaam ophoudt te bestaan, dat is Amma's wens"

– Amma

Door haar buitengewone daden van liefde en zelfopoffering, hebben miljoenen mensen over de gehele wereld Sri Mata Amritanandamayi Devi of 'Amma' (Moeder) zoals ze over het algemeen genoemd wordt, in hun hart gesloten. Ze streelt zacht iedereen die bij haar komt en houdt hen dicht bij haar hart in een liefdevolle omhelzing. Amma deelt haar grenzeloze liefde met iedereen, ongeacht hun geloof, hun status of de reden waarom ze bij haar komen. Op deze eenvoudige maar krachtige wijze transformeert Amma het leven van talloze mensen en helpt hen om hun hart te openen, omhelzing na omhelzing. In de afgelopen 37 jaar heeft Amma meer dan 29 miljoen mensen uit alle delen van de wereld omhelsd.

Haar onvermoeibare toewijding om anderen op te beuren heeft een groot netwerk van charitatieve activiteiten in het leven geroepen. Hierdoor ontdekken mensen het diepe gevoel van vrede en innerlijke voldoening dat voortkomt uit onbaatzuchtige dienstverlening aan anderen. Amma onderwijst dat het goddelijke in alles, in het bewuste en het onbewuste, bestaat. Het realiseren van deze waarheid is de essentie van spiritualiteit, het middel om aan alle lijden een einde te maken.

Amma's lessen zijn universeel. Steeds wanneer haar gevraagd wordt wat haar religie is, antwoord ze dat haar religie de liefde is. Ze vraagt niemand om in God te geloven of om zijn geloof te veranderen, ze vraagt ons slechts om onderzoek te doen naar onze ware natuur en te geloven in onszelf.

Hoofdstuk 1

Waarom mensen naar Amma komen

Net zoals ons lichaam goed voedsel nodig heeft om te leven en zich te ontwikkelen, heeft onze ziel liefde nodig om te bloeien. De kracht en voeding die liefde onze ziel kan geven is zelfs sterker dan de voedende kracht van moedermelk voor een baby.

Amma

Als je bij een programma van Amma aanwezig bent, is een van de eerste dingen die je opvalt dat de mensen overal vandaan komen: van alle religies, alle landen en alle lagen van de bevolking. Sommigen bewandelen het spirituele pad al tientallen jaren, anderen hebben nog nooit een spiritueel boek in hun handen gehad. Sommige mensen komen omdat ze geestelijk, lichamelijk of materieel lijden, en ze hopen dat Amma hen kan helpen. Andere mensen zijn gewoon nieuwsgierig. Misschien hebben ze Amma in de krant of op de tv gezien en willen ze zelf ondervinden wat deze 'knuffelheilige' inhoudt. Dan heb je nog de zoekers, zowel nieuwelingen als toegewijden. Zij geloven dat Amma, omdat ze een verlicht spiritueel meester is, hen kan leiden naar het ultieme doel van het menselijk leven: Zelfrealisatie.

De meerderheid van de mensen komt naar Amma, omdat ze een probleem hebben en ze hopen dat zij dat kan oplossen. In de Bhagavad Gītā noemt Krishna mensen die bij God of een mahātma komen om gered te worden uit hun hachelijke situatie ārta's. Aan het begin van haar publieke voordrachten spreekt

Het Tijdloze Pad

Amma deze mensen vaak als eerste toe. Ze zegt: "Amma weet dat 90 procent van de mensen hier lichamelijk of emotioneel lijden. Sommigen hebben geen werk; anderen hebben werk maar hebben opslag nodig. Weer anderen kunnen geen huwelijkskandidaat voor hun dochter vinden. Sommige mensen zijn verwikkeld in rechtszaken. Sommigen hebben geen geld om een huis te kopen, anderen hebben een huis maar krijgen het niet verkocht. Weer anderen hebben ongeneeslijke ziektes..." Amma zegt tegen deze mensen dat het geen zin heeft om zich zorgen te maken; dit staat gelijk met het kijken naar een wond en erom huilen. Ze vertelt hun dat je door je zorgen te maken de situatie alleen maar verergert en dat de wond verzorgen het enige juiste is. Ze adviseert hun om hun uiterste best te doen en zich dan aan Gods wil over te geven en Hem zo toe te staan de last die op hen drukt te dragen.

Veel van deze mensen ervaren inderdaad in verschillende mate dat hun problemen verholpen worden. Vrouwen die nooit kinderen konden krijgen, worden ineens zwanger. Mensen die in juridische geschillen verwikkeld zijn en tot Amma bidden, zien de balans vaak in hun voordeel doorslaan. Financiële problemen worden verlicht. Er zijn zelfs gevallen geweest waarin ziekten verminderden of compleet verdwenen. Wanneer dit feit aan Amma wordt voorgelegd, accepteert ze hiervoor geen verantwoordelijkheid, maar schrijft ze deze voorvallen eenvoudigweg toe aan God en de kracht van het geloof van de desbetreffende personen.

En zo gaat het ook met wat Krishna arthārthi's noemt. Deze mensen komen niet bij Amma om uit gevaarlijke situaties gered te worden, maar voor hulp bij het vervullen van hun materiële verlangens. "Amma, help me om op de hogeschool te komen!" "Amma, help me alstublieft dat mijn zaak succes heeft!" "Amma help me alstublieft om mijn visum te krijgen!" "Help me om mijn boek gepubliceerd te krijgen!". De arthārthi's zien Amma als een kanaal van genade en delen altijd hun verlangens met haar. Ook hier zien we deze mensen vaak terugkomen, een week later, een maand later of een jaar later, met een stralende lach op hun gezicht, Amma dankend dat ze hun gebeden verhoord heeft. Hoe is dit alles mogelijk? Als we naar de Veda's kijken, zien we dat ze met klem adviseren om mahātma's te benaderen om verlangens te vervullen.

yaṁ yaṁ lokaṁ manasā saṁvibhāti
viśuddha-sattvaḥ kāmayate yāṁśca kāmān |
taṁ taṁ lokaṁ jayate tāṁśca kāmāṁstasmād-
ātma-jñāṁ hyarcayedbhūti-kāmaḥ ||

"De man met een zuivere geest wint die werelden die hij in zijn geest wenst en die aangename dingen waar hij naar verlangt.
Daarom moet degene die naar voorspoed verlangt de kenner van het Zelf aanbidden"

Mundaka Upanishad, 3.1.10

Het idee is dat een mahātma alles waar hij naar 'verlangt' kan verkrijgen door de kracht van zijn sankalpa (besluit). Wanneer de geschriften echter spreken van 'zuiverheid van geest', bedoelen ze een geest die gezuiverd is van alle verlangens. Het gevolg is dat een mahātma, omdat hij geen eigen verlangens meer heeft, graag de verlangens op zich neemt van hen die een beroep op hem doen en hen in overeenstemming daarmee zegent.

Dat betekent niet dat de verlangens van iedereen worden vervuld. Tot op zekere hoogte speelt prārabdha karma (het lot gebaseerd op vorige handelingen) een rol in dit proces. Amma is echter een moeder en welke moeder wil nou niet dat haar kinderen gelukkig zijn? Wanneer je haar om iets vraagt waar je naar verlangt en dit niemand benadeelt en in overeenstemming met dharma (rechtvaardigheid) is, zal ze zeker haar uiterste best doen om je te helpen. Dit kan gebeuren door de hulp van haar humanitaire projecten, door haar advies of door de kracht van haar wilsbesluit.

Sommige mensen denken misschien dat het niet juist is om voor zulke wereldse dingen naar Amma te gaan, maar in de Gītā noemt Krishna zowel de ārta's als de arthārthi's nobele mensen. Hij zegt dat het feit dat ze zich tot God wenden voor hulp en materiële vervulling, laat zien dat ze veel goede daden in dit of in vorige levens hebben verricht. Deze toewijding heeft echter haar beperkingen. De geschriften vertellen ons dat het prima is om ons leven met zo'n instelling te beginnen, maar dat we het daar niet bij moeten laten. Zulke devotie is niet erg standvastig. Wanneer de gebeden van zulke mensen niet worden verhoord, komen ze zelden terug. Zelfs als zulke mensen krijgen waarvoor ze kwamen, gaan ze vaak terug naar het leven van alledag en vergeten Amma (totdat het volgende probleem zich voordoet). We moeten proberen ons te ontwikkelen en te verlangen naar de meer waardevolle schatten die Amma te bieden heeft.

Dit brengt ons bij de volgende groep mensen die Amma bezoeken, de jijñāsu's, de zoekers naar kennis. De jijñāsu is een toegewijde van een ander kaliber. Hij snapt dat zelfs wanneer zijn problemen opgelost worden, er meer problemen zullen komen. Verder begrijpt hij de beperkingen van wereldse verworvenheden. Hij ziet Amma als een sadguru, een verlichte meester, die kan dienen als een middel om permanente vrede en geluk te bereiken in plaats van alleen maar tijdelijke.

De geschriften zeggen dat ieders toewijding begint als die van een ārta dan evolueert tot die van een arthārthi en slechts dan evolueert tot de toewijding van een jijñāsu[1]. Deze stadia

---

[1] Men zegt dat het beter is een arthārthi te zijn dan een ārta omdat de arthārthi God steeds zoekt wanneer hij naar iets verlangt, dat wil zeggen heel vaak. De ārta denkt alleen aan God wanneer hij in nood is.

representeren een ontwikkeling in het begrip en de focus van een toegewijde. Sommige mensen hebben een deel van deze ontwikkeling in vorige levens meegemaakt en beginnen hun relatie met Amma als zoeker naar waarheid. Anderen maken deze ontwikkeling pas in dit leven door, weer anderen hebben nog toekomstige levens nodig.

Wanneer we goed kijken, zien we dat sommige mensen met een materieel doel voor ogen naar Amma komen, maar dan na hun allereerste darshan vertrekken en op zoek gaan naar het allerhoogste. Dit komt door een samskāra, een latente tendens vanuit vorige levens, om een spiritueel leven te leiden. Deze samskāra heeft daar liggen wachten, net onder de oppervlakte van de bewuste geest, op de aanraking, de woorden of een blik van een mahātma om hem te laten ontwaken. Dit klinkt nogal mystiek, maar we kunnen hetzelfde fenomeen op vele levensgebieden vinden, niet alleen bij spiritualiteit. Vele grote schrijvers, musici, atleten en wetenschappers leggen aanvankelijk geen voorkeur aan de dag voor hun respectieve vakgebieden totdat die passie plotseling ontvlamt door een bepaald boek, concert of trainer. Hierna kan niemand hen nog ervan afhouden.

Toen ik voor het eerst Amma opzocht, was ik niet in spiritualiteit geïnteresseerd. Omdat ik opgegroeid was in een orthodoxe brahmanengemeenschap was ik religieus. Ik deed sandhyāvandanam[2] en andere orthodoxe hindoeriten. Ik beschouwde zulke praktijken alleen als een middel om mijn materiële verlangens te vervullen. Ik wilde dokter worden maar werd net niet aangenomen op de medische faculteit. Ik had deze droom opgegeven en was onlangs bij een bank in dienst getreden. Ze hadden me ondergebracht in een filiaal in een kleine plaats genaamd Harippād. Ik was hierover erg geïrriteerd, niet alleen omdat ik

---

[2] Een ritualistische serie van gebeden, waarbij men zich ter aarde werpt en die worden uitgevoerd bij zonsopkomst en zonsondergang.

geen medicijnen kon studeren, maar ook omdat ik in een klein dorp moest werken waar toen geen behoorlijke restaurants waren! Wat ik boven alles wilde was een overplaatsing naar een ander filiaal van de bank, ergens in een stad. Toen ik over Amma hoorde (van wie de *āshram* ongeveer 25 kilometer ten zuiden van Harippād lag), dacht ik dat zij met een beetje van haar magie ervoor kon zorgen dat ik overgeplaatst zou worden. Dus op een dag nam ik de bus naar Parayakadavu om naar Amma's darshan te gaan.

Toen ik aankwam, was Amma in Krishna Bhāva[3]. De familietempel waar Amma de darshan hield, was naast de koeienstal. Toen ik Amma als Heer Krishna gekleed zag, snapte ik niet wat er gebeurde, maar ik voelde me heel vredig. Toen het mijn beurt voor darshan was, zei Amma, voordat ik iets kon zeggen: "O, je hebt een probleem met je werk." Ze gaf me toen een flinke hand vol kleine rode bloempjes en zei me er 48 van te offeren op Devi's hoofd wanneer Amma later die avond in Devi Bhāva[4] naar buiten kwam. (Tot mijn verbazing bleek het hoopje bloemen dat Amma me gegeven had, precies 48 bloemen te bevatten toen ik ze telde!).

Als Amma in die tijd in Devi Bhāva tevoorschijn kwam, danste ze eerst voor de tempel. Dus toen Amma aan het dansen was, offerde ik de bloemen zoals ze me geïnstrueerd had. Toen de dans afgelopen was, ging ik in de rij staan voor Amma's Devi darshan. Deze keer begon ik te huilen toen Amma mij vasthield. Ik was erg geraakt door Amma's liefde, compassie en vriendelijkheid. Amma zei me naast haar stoel te gaan zitten. Toen ik dat deed, initieerde ze me spontaan met een mantra. Na een tijdje vroeg Amma me een poosje te mediteren. Ik vertelde Amma dat

---

[3] Een speciale vorm van darshan waarbij Amma het gewaad en de stemming van Krishna aannam.
[4] Amma terwijl ze darshan geeft in het gewaad en de stemming van de Goddelijke Moeder.

ik nog nooit gemediteerd had. Ze vertelde me dat het genoeg was als ik mijn ogen sloot en dus besloot ik het te proberen.

Ik dacht dat er tien minuten voorbijgegaan waren en opende mijn ogen in de veronderstelling dat andere mensen wellicht ook graag naast Amma wilden zitten. Toen ik mijn ogen open deed, zat niemand die daar eerst zat nog op die plek. Ik keek op mijn horloge en er bleek twee uur voorbij gegaan te zijn! Ik dacht dat dit niet kon kloppen, er moest iets mis zijn met mijn horloge. Daarom vroeg ik de man naast me hoe laat het was. Hij bevestigde het; ik had twee uur zitten mediteren. Ik stond op, in de war, en offerde mijn pranām (buiging naar Amma met hoofd op de grond) en keerde terug naar Harippād.

De volgende dag kon ik gewoon niet naar mijn werk. Ik voelde me onder invloed, drijvend op een wolk van vrede en geluk. Ik was bang dat als ik naar mijn werk zou gaan, waar het tellen van geld mijn voornaamste bezigheid was, het zou uitmonden in een ramp. Dus meldde ik me ziek en ging zelfs het huis niet uit. De enige gedachten in mijn hoofd gingen over Amma en de verzachtende vrede van haar darshan.

De volgende dag meldde ik me weer ziek. Pas op de derde dag besloot ik dat ik terug moest keren om Amma te zien. Daarna meldde ik me ziek voor de rest van de week en bracht zoveel mogelijk tijd bij haar door. Mijn hele focus was veranderd. Amma had het begin van een spirituele geneigdheid in me wakker geroepen. Dit was niet alleen bij mij het geval. Veel van Amma's leerlingen die nu de oudere swami's (monniken) zijn, kwamen aanvankelijk met een materieel verlangen naar Amma, maar zochten spoedig naar het allerhoogste.

Soms komt deze verandering snel, soms is er tijd voor nodig. Bij sommigen is de samskāra niet zo diep, maar ze raken niettemin erg aan Amma gehecht, aan de warmte van haar affectie en aandacht, aan haar vriendelijkheid en darshan. Deze mensen keren steeds wanneer het mogelijk is naar Amma terug en langzaam wordt hun relatie met haar dieper. Ze proberen Amma's onderwijs in de praktijk te brengen. Misschien initieert Amma ze met een mantra of beginnen ze door Amma's aanmoediging deel te nemen aan projecten van de āshram voor onbaatzuchtige dienstverlening. Naarmate ze mentaal meer en meer gezuiverd worden en hun spiritueel begrip zich verdiept, verandert hun oriëntatie geleidelijk. Met de tijd raken ze meer geïnteresseerd in spirituele doeleinden dan in wereldse.

Soms komt deze verandering in perspectief zelfs doordat men van Amma een materiële zegen ontvangt. Er was een toegewijde uit Amerika die een roman geschreven had en van verlangen brandde om hem te publiceren. Hij nam het manuscript mee naar Amma. Amma glimlachte naar hem en raakte het boek vol eerbied met haar voorhoofd aan. Een paar weken later sleepte hij een overeenkomst met een belangrijke uitgever in de wacht. De toegewijde was in extase. Voordat hij het wist, stond zijn boek op de planken van boekwinkels in het hele land. Maar het duurde niet lang eer hij besefte dat hij zich nog onvolledig voelde, hoewel hij een bekend auteur geworden was. Toen hij erover nadacht, besefte hij dat dit gevoel zou blijven, zelfs als Amma iedere wens van hem zou vervullen. Hij zag de werkelijkheid duidelijk in dat hij alleen door het realiseren van het Zelf de innerlijke rust en tevredenheid zou voelen waarnaar hij zo verlangde.

Amma zelf is de grootste bron van inspiratie om het spirituele pad te volgen. We zien de rust, het geluk en de tevredenheid duidelijk van haar afstralen en zijn verbijsterd. Hier is iemand die 24 uur per dag werkt, geen salaris krijgt, geen bezittingen heeft, alleen eenvoudige kleding draagt en toch oneindig meer gelukkig is dan iedere creatieve en productieve, rijke en fysiek sterke persoon in de wereld. Als we naar Amma kijken, beseffen we snel dat zij het geheim van het geluk kent dat wij nog moeten leren.

Wanneer we hiermee geconfronteerd worden, zijn we al spoedig meer geïnteresseerd in het achterhalen van dit geheim dan in het behalen van beperkte materiële voordelen.

In de Brihadāranyaka Upanishad wordt ons een scenario gepresenteerd waar de vrouw van een rishi (wijze man) begrijpt dat haar man alle kennis bezit en ze wil nog maar een ding: zijn leerling zijn. De naam van de rishi is Yajñavalkya en zijn vrouw heet Maitreyi. Yajñavalkya heeft nog een tweede vrouw, Kātyāyani. Van deze twee is Maitreyi erg spiritueel ingesteld, terwijl Kātyāyani materialistisch is ingesteld. Op een dag informeert Yajñavalkya Maitreyi dat hij sannyāsa gaat nemen (monnik wil worden) en daarom zijn relatie met haar en Kātyāyani wil beëindigen. Wanneer hij begint uit te leggen hoe hij zijn bezit tussen de twee vrouwen wil verdelen, zegt Maitreyi plotseling: "Heer, als ik al het geld in de hele wereld zou hebben, zou het me dan onsterfelijk maken?" Yajñavalkya zegt van niet. Als Maitreyi dit hoort, zegt ze hem dapper dat het voor haar geen waarde heeft, als het haar niet onsterfelijk kan maken. Omdat Maitreyi weet dat haar man een rijke bron van spirituele wijsheid is, zegt ze: "Ik ben alleen geïnteresseerd in je kennis. Vertel me wat je weet." Maitreyi had echte jijñāsa (dorst naar kennis). Ze begreep de echte waarde van een sadguru en wilde de kostbare gelegenheid die zich voordeed, benutten.

Sommige mensen die naar Amma komen, dorsten al naar Zelfkennis voordat ze Amma ontmoetten. Omdat ze begrijpen dat een sadguru essentieel is voor iedere serieuze zoeker, komen ze naar Amma met de bedoeling haar leiding te vragen. Zulke mensen vinden in Amma een echte spirituele panacee. Door haar vinden ze wegen om onbaatzuchtig te dienen, krijgen ze meditatietechnieken, worden ze met mantra's geïnitieerd en krijgen ze de gelegenheid om een band te smeden met een levende spirituele meester die niemand wegstuurt, wat zijn spiritueel niveau ook is.

Verder helpt Amma door haar lezingen en boeken de weg te banen naar het uiteindelijke doel van het leven. Ze verwijdert allerlei verwarring en misvattingen over spiritualiteit die er maar al te duidelijk zijn in ons huidige informatietijdperk. Zulke mensen gaan na hun eerste ontmoeting bij Amma weg met het gevoel dat ze echt de spirituele loterij gewonnen hebben.

Vele van zulke zoekers zijn betrekkelijk nieuw in het spirituele leven, maar anderen bewandelen al tientallen jaren het spirituele pad, zoals sannyāsi's en boeddhistische en christelijke monniken. Ze komen naar Amma in de hoop haar zegen te ontvangen en dieper inzicht te krijgen. En in Amma's aanwezigheid ervaren ze door de krachtige, zuivere vibratie die door Amma's geest geschapen wordt, diepere niveaus van helderheid dan ze voorheen kenden. Verder doen deze mensen door tijd bij Amma door te brengen geweldig veel inspiratie op, omdat ze in Amma in aanraking komen met iemand die duidelijk het doel bereikt heeft waaraan zij hun leven gewijd hebben. Dit helpt hen om met meer enthousiasme en inzet verder te gaan op het pad.

Vele jaren geleden kwam er een oudere sannyāsi van een bekende spirituele organisatie naar Amma's āshram. Ik herinner me hoe ik hem gadesloeg voordat hij Amma's kamer binnenging. Of het juist is of niet, ik dacht dat er iets aan hem een beetje verwaand leek. Maar toen hij een paar uur later vertrok, zag ik de sporen van tranen in zijn ogen. Ik vroeg hem hoe zijn ontmoeting met Amma geweest was. Hij antwoordde: "Vandaag heb ik het gevoel dat mijn leven van spirituele activiteit eindelijk vleugels heeft gekregen."

Er is nog een andere groep mensen die naar Amma komt, de cynici. Deze mensen denken: "Er is daar iets niet in de haak. Het is onmogelijk dat deze dame zo onbaatzuchtig en meedogend kan zijn. Ik ga erheen en zal de hele zaak ontmaskeren." Zulke mensen zijn altijd naar Amma gekomen. Als hun hart helemaal dicht is, staan ze daar een tijdje en kunnen hun ogen niet geloven. Dan vertrekken ze. Maar als er in hun hart maar een klein beetje ruimte is, zal Amma die ruimte vinden en er een zaadje planten dat spoedig zal opkomen.

Zo verging het ook een oudere brahmachāri van Amma. Hij studeerde aan een gerenommeerde filmschool in Pune. Tijdens zijn studiejaren had hij zich aangesloten bij een communistische studentengroep en als zodanig was hij mordicus tegen religie, spiritualiteit en vooral levende heiligen. Toen zijn familie hem aanmoedigde om Amma's āshram te bezoeken, stemde hij er graag mee in. Hij dacht dat hij de gelegenheid zou gebruiken om onderzoek te doen voor het maken van een film over nepheiligen. Maar toen hij met zijn cineastenoog naar Amma stond te kijken, vond Amma's oog hem. Hij moest wel zien hoe Amma haar rust en comfort opofferde om liefde en licht in het leven van anderen te brengen. Spoedig was hij haar leerling.

Hoewel deze groepen mensen oppervlakkig gezien om verschillende redenen lijken te komen, zegt Amma dat in werkelijkheid iedereen, niet alleen degenen die naar Amma komen maar iedereen in de wereld, hetzelfde zoekt: de ervaring van de volheid van het Zelf. Amma zegt dat het dit verlangen is dat ons in het leven voortdrijft. Het is de motivatie achter onze vriendschappen, de motivatie achter onze huwelijken, onze echtscheidingen, achter kinderen hebben, ons nastreven en veranderen van carrière, het kopen van huizen, auto's, naar de film gaan... We streven allemaal naar hetzelfde. Maar de volheid waarnaar wij, zowel de spirituele aspirant als de materialist, zoeken is niet iets begrensd. Het is oneindig, even uitgestrekt als het hele universum. En niemand kan oneindigheid bereiken door een lijst van beperkte dingen op te tellen. Zelfs 20 triljoen maal 20 triljoen resulteert in een beperkt aantal. Zolang we dit geluk in de materiële wereld zoeken, zullen we nooit de volheid bereiken die we zoeken.

Als u dit boek leest, heeft u waarschijnlijk op zijn minst een beetje jijñāsa (dorst naar spirituele kennis), anders zou u iets anders lezen. Maar ieder van ons moet erover nadenken in welke mate hij jijñāsu (zoeker naar de Waarheid) is. Als we introspectie plegen, zullen we zien dat we allemaal op en neer gaan tussen de drie soorten devotie die in dit hoofdstuk besproken zijn. Er zijn tijden dat we een oprechte zoeker zijn en er zijn tijden dat onze focus meer materialistisch is. Hoe meer we ons op Amma afstemmen, des te meer zal het zoeken naar spirituele kennis onze eerste prioriteit worden. Wat ons niveau van devotie ook mag zijn, Amma accepteert iedereen onvoorwaardelijk. Dat is een deel van haar grootheid. Omdat Amma weet dat in de meesten van ons jijñāsu niet volledig ontbrand is, moedigt ze ons aan om onze angsten en verlangens met haar te delen, om met onze ārta en arthārthi devotie naar haar te komen. Op deze manier kan ze ieder aspect van ons leven binnengaan en ons daardoor des te beter helpen bij onze spirituele evolutie. Door onze inspanning en Amma's genade kan onze devotie zelfs jijñāsa overschrijden om het hoogtepunt van devotie te bereiken, jñāna, een kennis waar we begrijpen dat alles binnen en buiten goddelijk is.

Hoofdstuk 2

De band die alle banden verbreekt

De relatie tussen een sadguru en een leerling is onvergelijkelijk. Er is niets wat erop lijkt. Het heeft een blijvend effect op de leerling. In die relatie kan de leerling geen enkel kwaad overkomen.

Amma

De relatie die men met een sadguru, een verlicht spiritueel meester, ontwikkelt verschilt van iedere andere. Dit is omdat het de enige relatie is waarin de een alles geeft en de ander alleen neemt. Misschien is de moeder-kindrelatie er het beste mee te vergelijken.

Hier is een voorval dat onlangs in Amritapuri plaatsvond en dat dit principe demonstreert. Amma gaf darshan aan een enorme menigte. De hele week waren de darshans zo geweest: ze duurden tot in de kleine uurtjes van de nacht en een paar uur later herhaalde het hele proces zich. Een Indiase toegewijde uit Amerika die dit zag, ging naar Amma en zei: "Amma, waarom kunt u geen vakantie nemen? Misschien zou u naar Hawaï kunnen gaan en zich op het strand ontspannen. Wij, volgelingen, zouden het voor u betalen en u zou uw lichaam een week of zo rust kunnen geven."

Amma lachte om de suggestie van de man en gaf hem een meedogende glimlach. Toen zei ze: "Heb je geen zoon? Als hij ziek zou zijn of verdrietig of je nodig had, zou je dan gewoon weg kunnen lopen om naar het strand te gaan? Natuurlijk niet. Je zou bij hem blijven, hem troosten en ervoor zorgen dat hij zich beter voelt. Zo is het ook met Amma. Allen zijn mijn kinderen en ik kan ze niet in de steek laten om op vakantie te gaan."

Dus een sadguru als Amma is echt een *amma*, een moeder, in termen van liefde, mededogen en verlangen om haar leerlingen op te voeden. Maar er is een verschil: een gewone moeder beleeft ontzettend veel vreugde aan haar kind en aan de ervaring van het moeder zijn, terwijl een sadguru vol en compleet is met of zonder leerlingen. Verder kan men in een relatie met een sadguru volledig geloof en vertrouwen hebben, want hij houdt onvoorwaardelijk van de leerling. Bovendien heeft hij zo'n duidelijk begrip van het verleden, het heden en de toekomst van de leerling dat hij hem met een inzicht kan leiden, dat je bij niemand anders aantreft. Onze biologische moeder kan van ons houden, maar haar visie is beperkt en haar advies is vaak bevooroordeeld door haar te grote gehechtheid.

We kunnen zulke beperkingen ook in relaties met therapeuten en psychologen zien. Er is een jonge volgeling in Amerika die een grote fan van heavy-metal rockmuziek is. Een paar jaar geleden vertelde hij mij tijdens een zomertournee van Amma over een documentaire die hij onlangs had gezien. Die ging over een van zijn favoriete heavy-metal bands. Op een bepaald moment waren de relaties tussen de bandleden zo slecht geworden dat ze besloten een therapeut in te huren om hen te helpen bij het herstel. De band leed ook aan gevoelens van creatieve stagnatie. De film was een verslag van de therapiesessies van de band om deze problemen te boven te komen. De volgeling legde me uit dat er, toen hij naar de film keek, een bepaald moment was dat hij een schokkend verschil zag tussen psychotherapie en de hulp die Amma geeft. Dat moment was tegen het einde van de film toen de band de therapeut zei dat ze zijn diensten niet langer nodig hadden. De volgeling zei me dat de reactie van de therapeut, aan wie de band $40.000 per maand betaalde om steeds beschikbaar te zijn, boekdelen sprak. De therapeut was volledig afhankelijk van de band geworden, afhankelijk van hun maandelijkse betalingen, afhankelijk van de naam en faam die hij door zijn werk met hen verkreeg, afhankelijk van de hele situatie. De band had de therapeut niet meer nodig, maar de therapeut had de band nodig. De band die we met Amma vormen is niet zo. Die is uniek omdat het een band is die ons van alle banden bevrijdt. Het is een afhankelijkheid die naar totale onafhankelijkheid leidt. Ik kan ondubbelzinnig verklaren dat het, meer dan wat ook, mijn band met Amma is geweest die me op het spirituele leven gericht heeft gehouden. De guru-leerlingrelatie is de ware bron van steun en kracht voor een zoeker.

Spoedig nadat ik Amma ontmoet had, werd ze mijn enige focus. Ik wilde meteen mijn werk bij de bank waar ik in dienst was, opzeggen. Maar Amma zei me dat ik nog een paar jaar zou moeten blijven werken. Ze adviseerde me mijn werk te zien alsof alle mensen die daar kwamen door Amma zelf naar mij waren gestuurd. Op deze manier zou mijn werk zelf een spirituele oefening worden. Behalve dat schreef Amma geen spirituele oefeningen voor. Ik kwam 's avonds naar de āshram en bracht er de weekenden ook door. In die tijd was alles rondom Amma erg vrij. Behalve de bhāva darshans, die op zondag, dinsdag en donderdag plaatsvonden, waren er geen vaste tijden om Amma te zien. De mensen kwamen gewoon wanneer het hun uitkwam. In die tijd hingen de andere jongelui en ik (die uiteindelijk Amma's eerste monastieke leerlingen werden) bij Amma rond. Meer dan in spiritualiteit waren we geïnteresseerd in Amma, in haar moederlijke liefde en affectie. En Amma leek er ook niet in geïnteresseerd om ons spirituele oefeningen op te leggen. Amma had ons allemaal met een mantra geïnitieerd en leerde ons hoe we moesten mediteren. En dus waren we iedere dag wat met die oefeningen bezig. Maar er was niets met discipline gereglementeerd. Behalve dat deden we gewoon wat Amma deed. Als zij zat te mediteren, probeerden we samen met haar te mediteren. Als zij bhajans zong, wat ze bij bijna iedere zonsondergang deed, dan deden we met haar mee. Dat was het.

Amma speelde dorpsspelletjes met jonge kinderen, zoals kabadi en kottu kallu kali en wij zaten toe te kijken. We lachten en genoten van de schoonheid en puurheid van Amma's omgang met de kinderen. Af en toe stelden we wat spirituele vragen, maar om eerlijk te zijn, de meesten van ons waren er niet erg in geïnteresseerd. Amma vertelde ons over allerlei dingen die ze de vorige dag had gedaan, dingen die in het dorp gebeurd waren, misschien verhalen over het bezoek aan de huizen van diverse toegewijden. Het was geen guru-leerlingrelatie. Het was meer een vriendschap of de relatie tussen een moeder en haar kinderen. We spraken heel vrijuit met Amma en twistten zelfs met haar. We hadden er geen benul van hoe we ons op de juiste manier bij een spiritueel meester moesten gedragen. Als Amma huishoudelijk werk deed, hielpen we haar. Als ze kookte, hielpen we bij het koken. Als toegewijden kwamen om met Amma te praten, gingen we eromheen zitten en luisterden.

In die tijd beseften we niet wat er gebeurde. We deden gewoon waar we zin in hadden. Maar zoals altijd functioneerde Amma op het hoogste niveau van begrip en bewustzijn. Amma heeft lief, maar haar liefde is erg intelligent. Als ze ons vanaf het begin discipline had opgelegd, zouden velen van ons de benen genomen hebben. Ze bond ons in het geheim aan haar vast met de onbreekbare zijden draad van haar liefde.

Als we zulke verhalen over de oude tijd vertellen, raken veel toegewijden in vervoering als ze aan zo'n leven met Amma denken. Het is waar, het was een gouden en magische tijd. Ik zou liegen als ik iets anders vertelde. Maar er is geen reden om bedroefd te

De band die alle banden verbreekt

zijn door te denken dat wat er toen was, er nu niet meer is. Het is waar dat het aantal mensen dat naar Amma komt nu veel groter is, maar als je kijkt naar wat Amma op haar programma's doet, zijn het precies dezelfde dingen die ze toen met ons deed. Net zoals wij rondom Amma zaten en toekeken hoe ze spelletjes met de kinderen deed, kijken de toegewijden nu naar Amma wanneer ze de kinderen omhoog houdt die naar de darshan gebracht worden, naar de manier waarop ze aan hun wangen knabbelt en hun tenen in haar mond stopt. Zoals wij met Amma over bepaalde wereldse zaken spraken, zo houdt zij de mensen die voor darshan komen en om haar heen zitten, met allerlei lichte gesprekken bezig. Ze vertelt hun misschien over plaatsen waar ze een programma heeft gehouden en dingen die daar gebeurd zijn. En wat doet iedereen tijdens Amma's programma's? Wanneer Amma mediteert, mediteren zij ook. Wanneer Amma bhajans zingt, zingen zij bhajans. En wanneer Amma af en toe schoonmaakwerk verricht, in de āshram of aan het eind van Devi Bhāva, doet iedereen mee, precies zoals wij lang geleden deden. Dus behalve het aantal mensen dat komt, is er niets echt veranderd. Verder, hoewel we minder persoonlijke interactie met Amma hebben, compenseert Amma's sankalpa (besluit) dit. Als we open zijn, zal onze band met haar even sterk worden als wanneer Amma meer tijd zou hebben om met ieder van ons persoonlijk door te brengen.

Natuurlijk staat Amma's darshan centraal bij het verdiepen van onze band met haar. In Amma's armen voelen we ons helemaal vrij van lasten. In de vrede van die omarming ervaren we een niet te ontkennen gevoel van eenheid met Amma. Amma's darshan heeft een ongelooflijke invloed op mensen omdat het hun een voorproefje van God geeft, een voorproefje van hun Ware Zelf. Voor velen is dit een verruimende ervaring die hun prioriteiten in het leven opnieuw rangschikt. Het is alsof de as die het middelpunt van je wereld was, verwijderd en vervangen wordt.

Ogenschijnlijk is het iets vreemds om een volkomen vreemde je te laten omhelzen, maar niemand voelt afkeer, schaamt zich of is verlegen, wanneer hij voor de eerste keer naar Amma's darshan gaat. Het is alsof ze hun moeder omhelzen, of zelfs hun eigen Zelf. Men gaat weg met het gevoel dat men Amma zijn hele leven al gekend heeft. Dat is omdat de eerste darshan het begin is van een relatie zonder begin.

Tijd doorbrengen met kijken naar Amma is nooit verspild. We kunnen alle spirituele principes leren door naar haar handelingen te kijken en erover na te denken. We leren veel meer door iemands voorbeeld dan door zijn woorden. Als een vader tegen zijn zoon zegt dat hij niet moet roken, maar zelf wel rookt, zal het niet veel indruk maken. Zijn praatjes vullen geen gaatjes. Dus wanneer wij een tijdje kijken hoe Amma met mensen omgaat, beginnen we vanzelf enkele van haar eigenschappen in ons op te nemen, zowel innerlijke als uiterlijke eigenschappen. Het is zoals Amma zegt: "Als je een parfumfabriek bezoekt, zal de geur aan je lichaam blijven hangen."

Dit is een principe achter de meditatie gericht op een bepaalde vorm van God. Wanneer men zich op een vorm van God concentreert, maakt men zich vanzelf de eigenschappen van die vorm eigen. We mediteren over de Goddelijke Moeder en onze geest raakt vervuld van gedachten aan liefde en compassie. Als we over Hanumān mediteren en aan zijn kracht en onverschrokkenheid denken, zullen we mentaal aan kracht en moed winnen. Meditatie over de vorm van Heer Shiva, de belichaming van onthechting en ascese, zal ons helpen aan onthechting te winnen en stabieler in onze spirituele oefeningen te worden.

Dit is geen mystiek proces. Hetzelfde gebeurt de hele tijd in het dagelijks leven. Neem het voorbeeld van iemand die bezeten raakt van een bepaalde filmster of musicus. Beginnen ze vaak niet te lopen zoals zij, zich te kleden en te praten zoals zij? Ik herinner me dat ik in 2001 plotseling tientallen jongens zag die met bakkebaardjes en soul patches pronkten. Het leek uit het niets te komen. Sommige van deze jongens waren niet eens oud genoeg om ze goed te laten groeien en toch deden ze hun uiterste best. Toen ik naar het modeverschijnsel informeerde, vertelde iemand me dat er een nieuwe Bollywood[1] filmhit was die *Dil Chahta Hai* heette, waarin de ster met zo'n haarstijl pronkte. Als een of twee keer naar een film kijken zo'n sterk gevoel van identificatie kan creëren, stel je dan de verandering voor die mogelijk is door een intense meditatieoefening die dagelijks gedaan wordt. Naar Amma kijken als ze darshan geeft, als ze bhajans zingt of lezingen geeft is een vorm van meditatie, meditatie met de ogen open. Op dezelfde manier als men de kenmerken en eigenschappen van zijn geliefde godheid in zich opneemt door met de ogen dicht te mediteren, neemt men Amma's eigenschappen in zich op door zich op haar te concentreren en zich met haar te associëren. Als we Amma's mededogen gadeslaan, willen we meedogender worden. Als we haar geduld en eenvoud zien, streven we ernaar geduldiger en eenvoudiger te worden.

Amma zegt: "We beginnen te begrijpen wat waarheid, dharma, onbaatzuchtigheid en liefde zijn omdat de guru die eigenschappen *leeft*. De guru is het leven van die eigenschappen. Door de sadguru te gehoorzamen en in ons op te nemen laten we die eigenschappen in ons groeien."

Laat ik een voorbeeld geven hoe dat in zich opnemen plaatsvindt. In Amritapuri komt Amma iedere avond even voor zevenen naar de hal om devotionele liederen te zingen. (Als ze tenminste niet nog bezig is met darshan geven.) Als Amma komt, zijn er gewoonlijk een stuk of tien kleine kinderen die achter haar pītham (guru's zetel) staan en allemaal dringen om het dichtst bij Amma te zitten. Voor de āshrambewoners en toegewijden kan het heel

---

[1] Bombay filmwereld, naar analogie van Hollywood.

vertederend zijn om dit te zien. In augustus 2008 bezocht een driejarig Amerikaans jongetje van Indiase afkomst de āshram. Hij stond daar met alle kinderen en probeerde een goed plekje te veroveren. En net voordat Amma het podium opliep, ging hij boven op Amma's pitham staan. Natuurlijk waren alle ogen op hem gericht. Hij bood toen zijn pranāms aan door zijn handen boven zijn hoofd in de añjali mudra tegen elkaar te houden, precies zoals Amma dat doet. Toen ging hij met gekruiste benen zitten net zoals Amma. Hij pakte toen een trommelstokje van Amma en begon op Amma's microfoonstandaard het ritme aan te geven, precies zoals Amma dat soms tijdens de bhajans doet. Toen Amma hem daar zag zitten, begon ze te lachen. Iemand haalde hem weg, maar nadat Amma was gaan zitten, riep ze het jongetje terug om naast haar te zitten. Ze gaf hem de microfoon. Onmiddellijk probeerde het jongetje te zeggen: *prēma svarūpikalum ātamasvarūpikalumāya ellavārkkum namaskāram.* "Ik buig voor iedereen van wie de essentie goddelijke liefde en het Zelf is." Dit zegt Amma iedere keer als ze een openbare lezing begint. Toen zong hij zijn bhajan, een lied voor Heer Ganesha, ook zoals Amma doet. Het was heel schattig om te zien. Zoals bij de meeste driejarigen was zijn uitspraak niet zo duidelijk, maar het gevoel was helemaal Amma. Alle volgelingen en āshrambewoners hielden de maat voor het kind toen hij erop los zong. Je kunt zeggen dat het slechts een kind is en geen betekenis heeft, maar het is een perfect voorbeeld van hoe we Amma's manieren, activiteiten en eigenschappen absorberen. Ze worden onze gewoonten en gewoonten worden karakter. Als we wat meer volwassen zijn, beginnen we Amma's eigenschappen op een dieper niveau in ons op te nemen: de liefde, het mededogen en de onbaatzuchtigheid die de drijvende kracht zijn achter alles wat ze zegt en doet.

Deze beginfase in onze relatie met Amma waarin we eenvoudig bij haar zitten en toekijken, mag oppervlakkig gezien nogal irrelevant lijken, maar is toch een cruciaal element in het opbouwen van onze band met haar. Alleen wanneer onze band met de guru diep en sterk is, zullen we het geloof en vertrouwen hebben die nodig zijn om het advies, de instructies en het onderwijs van de guru juist op te volgen.

Als we het epos de Mahābhārata lezen, zien we dat pas halverwege het boek Arjuna Krishna's leerling wordt. Daarvoor is het meer een relatie tussen vrienden, net zoals met Amma. In het vierde hoofdstuk van de Bhagavad Gīta spreekt Krishna Arjuna niet alleen als toegewijde, maar ook als sakhe, vriend, aan. Het vertrouwen, de openheid en de oprechte intimiteit van echte vriendschap is essentieel voor een vruchtbare guru-leerlingrelatie.

In de geschriften wordt gehechtheid voortdurend afgekeurd als een ernstig obstakel voor spirituele vooruitgang. Amma spreekt vaak over het belang van het overstijgen van onze voorkeur en afkeer en onze afhankelijkheden. Daarom is het logisch dat het wat verwarring kan stichten, wanneer we van Amma afhankelijk worden. Hierbij aansluitend herinner ik me een incident dat in het midden van de jaren 80 plaatsvond. Toen woonde Amma 's ochtends bijna altijd onze meditatiesessies bij. Als de meditatie voorbij was, beantwoordde ze vragen die we eventueel hadden. Op een ochtend had een brahmachāri, nu Swāmi Amritagītānanda, precies dezelfde twijfel. Hij uitte deze twijfel niet tegenover Amma, maar het had hem zijn hele meditatie gekweld. Hij dacht: "Ik ben hier gekomen om al mijn gehechtheden te overstijgen, maar ik raak zo gehecht aan Amma. Is dit niet een andere vorm van gebondenheid? Ben ik niet van de ene vorm van māya (illusie) op de andere overgegaan?"

Plotseling keek Amma hem direct aan en zei: "Gehechtheid aan je guru en de āshram is geen gehechtheid of māya. Alle andere gehechtheden binden je. We gebruiken een doorn om andere doornen te verwijderen. Zo ook leidt gehechtheid aan de guru je naar bevrijding."

Zo ook stond er een paar jaar geleden een nieuwe brahmachāri naast Amma toen ze darshan gaf. Plotseling keek Amma hem met een liefdevolle glimlach aan. Ze riep hem bij zich en vroeg hem wat hij dacht. Hij zei: "Ik raak zo aan Amma gehecht. Ik maak me zorgen dat het me uiteindelijk alleen maar pijn zal doen." Amma zei: "Die gehechtheid is de gehechtheid die alle andere gehechtheden vernietigt. Zelfs als het je pijn bezorgt, zal die pijn je zuiveren. Het zal een weg naar God worden."

Amma is de best toegankelijke persoon ter wereld. Alles wat je hoeft te doen om haar te zien is naar haar toe komen en in de rij gaan staan. Er zijn geen hindernissen. Ze steekt voortdurend haar hand uit om ons op te tillen, maar wij zijn degenen die Amma's hand moeten beetpakken. Als we dat eenmaal gedaan hebben, zal ze ons stevig vasthouden totdat we zelfstandig kunnen lopen. Dat wil niet zeggen dat de band die men met Amma ontwikkelt alleen voor beginners is. Die zal voortdurend rijpen en zich verdiepen, ons hele leven lang. Naarmate we groeien, neemt die een steeds centralere plaats in bij wie we zijn, een essentieel aspect van ons bestaan. De uiteindelijke verworvenheid is de kennis dat guru en leerling altijd één geweest zijn, de allerhoogste band. Maar in het begin ligt de nadruk op de uiterlijke band. Deze band en de kostbare herinneringen die we verkrijgen door tijd bij Amma door te brengen, zullen ons door de moeilijke perioden van het leven, die iedereen kent heen leiden. Als we er ten slotte klaar voor zijn, zal er een verandering in onze relatie met Amma zijn. Dan begint het disciplineren. Voor ons, de eerste groep brahmachāri's, kwam die verandering na twee of drie jaar. Op een dag werd de moeder de guru.

Hoofdstuk 3
Het belang van de guru

Het licht van de genade van de guru helpt ons bij het zien en verwijderen van de obstakels op onze weg.

Amma

Amma zegt dat de guru pas verschijnt wanneer er een leerling is. Dat betekent dat Amma's guru bhāva onmanifest voor ons blijft totdat we er klaar voor zijn. Hij zal er daarentegen zijn en op ons wachten, zodra we ervoor klaar zijn. We vinden hetzelfde in de Mahābhārata. In de eerste helft van het epos handelt Krishna nooit als guru tegenover Arjuna. Dit is omdat de leerling Arjuna nog geboren moet worden. Maar wanneer Arjuna zijn onvermogen om zijn problemen zelf op te lossen toegeeft en zich in een poel aan Krishna's voeten overgeeft en om zijn instructies en onderwijs smeekt, is de guru Krishna er onmiddellijk en zegt: "Jij treurt om hen om wie niet getreurd hoeft te worden, enz." Pas op dat moment begint het onderwijs van de Gīta.

We hebben het over Amma's guru bhāva, maar ieder gezicht van Amma is een bhāva, een aangenomen stemming. In tegenstelling tot ons identificeert Amma zich niet met de verschillende kostuums die ze in de wereld draagt. Wij kunnen beweren dat we leraar, leerling, zakenman of dokter zijn, maar Amma identificeert zich alleen met het Ware Zelf, het gelukzalige bewustzijn dat als basis voor de innerlijke en uiterlijke wereld dient. Dus Amma is niet inherent een guru. Noch is ze inherent moeder,

filantroop of iets dergelijks. Ze weet dat ze inherent alleen het eeuwige, gelukzalige bewustzijn is. Uit mededogen neemt Amma de bhāva van moeder, filantroop, vriend, God of guru aan, naar gelang nodig is. Het kind dat liefde en troost nodig heeft, roept de moeder aan. De lijdende en arme mensen roepen de filantroop aan. Iemand die een oprechte kameraad zoekt, roept de vriend aan. De toegewijde roept God aan. De leerling roept de guru aan. (Alleen wanneer we dit begrijpen, zien we de volle betekenis van schijnbaar luchthartige uitspraken van Amma als: "Ze noemden me Moeder en daarom noem ik hen kinderen. Amma weet niets anders.") Uiteindelijk zijn al deze verdelingen gebaseerd op onwetendheid. Op het hoogtepunt van spirituele wijsheid waar Amma vertoeft, bestaat alleen eenheid: leerling en guru, toegewijde en God, kind en moeder, ze zijn allemaal eeuwig een. Daarom zegt Amma: "Wil er een guru zijn, dan moet er eerst een leerling zijn."

Een paar jaar geleden werd Amma geïnterviewd voor een Amerikaanse televisiedocumentaire. De documentaire gaf de zienswijzen van een stuk of tien leiders van de belangrijkste religies op de wereld. Amma was de enige vertegenwoordiger van het hindoeïsme. Aan het einde van het twee uur durende interview vroegen de leiders Amma zich voor de kamera voor te stellen. Ze legden uit dat ze wilden dat Amma eenvoudig in de kamera keek en iets zei in de trant van: "Hallo, ik heet Sri Mata Amritanandamayi Devi. Ik ben een hindoe spiritueel leider en filantroop uit Kerala, India." Nadat ze dit hadden uitgelegd, vroegen de andere swāmi's en ik ons af wat Amma zou doen, omdat dit niet iets is wat Amma zegt. In de afgelopen dertig jaar heb ik Amma nooit een dergelijke bewering horen doen. Dus vroegen we ons allemaal af wat er zou gebeuren. Wel, Amma glimlachte, maar wees het af. We dachten dat het daarmee afgelopen zou zijn, maar de regisseurs drongen aan. Ze zeiden iets van: "Kom op, Amma. Alle andere spirituele leiders hebben het gedaan." Maar toch gaf Amma niet toe. Als er iets is wat Amma altijd is, is het natuurlijk. Ze wil bijvoorbeeld nooit voor een foto poseren. En als Amma zo'n zin zou zeggen, zou dat niet natuurlijk zijn. Maar uit compassie wilde Amma de gevoelens van de documentairemakers niet kwetsen. Wij dachten dat het allemaal over was, toen Amma plotseling zei: "Deze zichtbare vorm noemen de mensen Amma of Mata Amritanandamayi Devi, maar het erin vertoevende Zelf heeft geen naam en geen adres. Het is overal aanwezig." Uit deze uitspraak kunnen we afleiden dat de guru bhāva iets is wat Amma alleen aanneemt als de leerling het aanroept. Het is een antwoord op een behoefte. Als de behoefte rijp is, verschijnt het. Maar Amma's ware natuur heeft geen naam en adres. Het is voorbij alles.

Er zijn twee hoofdaspecten aan Amma's guru bhāva: kennis en discipline. Met betrekking tot het ontvangen van kennis denken sommige mensen dat een guru niet nodig is. Ze geloven dat het genoeg is om de geschriften te volgen. Maar de geschriften zelf beweren herhaaldelijk dat een guru essentieel is als men hoopt het uiteindelijke doel te bereiken. Ādi Shankarāchārya[1] schrijft in zijn commentaar op de Mundaka Upanishad, dat zelfs als iemand goed geschoold is in Sanskriet, systematische logica en andere shāstra's, hij niet moet proberen om zonder guru Zelfkennis te bereiken.

Waarom is de guru zo essentieel? Amma zegt: "Mensen die een reis ondernemen met behulp van een landkaart, kunnen toch de weg kwijtraken en ronddwalen. Een kaart informeert je ook niet over de aanwezigheid van struikrovers en wilde dieren. Alleen als we een ervaren gids hebben, kunnen we zonder zorgen

---

[1] De commentaren en teksten van Ādi Shankarāchārya (800 AD) versterkten de gedachten van de Advaita Vedāntaschool.

reizen. Als er iemand bij ons is die vertrouwd is met de weg, zal de reis soepel en glad verlopen."

Op alle gebieden van het leven, of het nu wetenschap, kunst of het zakenleven is, is een leraar nodig. Bij spiritualiteit ligt dat niet anders. Spiritualiteit is het subtielste gebied van kennis, omdat men zijn eigen Zelf bestudeert. In de biologie gebruikt de wetenschapper een microscoop om microben te bestuderen. In de scheikunde gaat het om chemicaliën. In spiritualiteit is de wetenschapper zelf, als het ware, het onderwerp. Het subject ligt dus buiten de reikwijdte van onze belangrijkste middelen tot kennis, namelijk de zintuigen en het intellect. Omdat het subject zo subtiel is, is een leraar des te harder nodig. Zoals Amma vaak zegt: "Er is zelfs een leraar nodig om je te leren je schoenveters te strikken." Een sadguru als Amma legt ons niet alleen de spirituele weg uit en verwijdert twijfels die we onderweg tegenkomen, maar door haar scherp inzicht in ons karakter helpt ze ons ook bij het overstijgen van de hindernissen die we onderweg tegenkomen.

Amma verschaft altijd kennis, of het nu een dieper inzicht in dharma, Karmayoga, meditatie of de allerhoogste waarheid is. Een onafgebroken rivier van kennis stroomt van Amma's lippen. Ze is altijd bereid mensen te leiden naar een intelligentere, harmonieuzere manier van leven en denken. In Amritapuri geeft ze twee keer per week vraag- en antwoordsessies voor de bewoners en bezoekers. En dergelijke sessies worden ook op de retraites tijdens Amma's wereldtournees gehouden. Om het aspect van Amma's guru bhāva op te roepen hoeft men alleen belangstelling[2] te tonen. Dit toont aan dat Amma op de eerste plaats over de guru als handhaver van discipline spreekt, wanneer ze zegt dat de guru in Amma alleen verschijnt wanneer er een leerling is.

Het uiteindelijke doel van het spirituele leven is in theorie heel eenvoudig: volledige assimilatie van de kennis dat je ware

---

[2] Hoe oprechter onze belangstelling, des te diepgaander Amma's antwoord is.

aard niet het lichaam, de emoties of het intellect is, maar het alomtegenwoordige, eeuwige, gelukzalige bewustzijn. Wanneer je 's morgens wakker wordt, hoef je je ogen niet open te doen en in de spiegel te kijken om te weten wie je bent. Er is geen twijfel: "Wie ben ik? Ben ik een man? Een vrouw? Een ezel? Indiaas? Amerikaans? Japans?" Je weet het gewoon. Spirituele kennis moet tot op hetzelfde niveau van overtuiging geassimileerd worden. In feite is het nogal paradoxaal: door de geest moeten we gaan begrijpen dat we niet de geest zijn. De geest is de bron van onwetendheid en tegelijkertijd het middel tot bevrijding. Shankarāchārya schrijft:

vāyunā'nīyate meghaḥ punastenaiva nīyate |
manasā kalpyate bandho mokṣastenaiva kalpyate ||

Wolken worden door de wind aangevoerd en weer door dezelfde kracht verdreven. Op dezelfde manier wordt de gebondenheid van de mens door de geest veroorzaakt en ook bevrijding wordt alleen daardoor veroorzaakt.

Vivekachudāmani 172

Intellectueel begrijpen dat je aard bewustzijn is, is niet zo moeilijk. Maar vele levens lang hebben we precies in de tegenovergestelde richting gedacht. We identificeerden ons volledig met het lichaam, de emoties en het intellect en associeerden ons geluk uitsluitend met de vervulling van onze wensen. Dit denken is zo'n gewoonte geworden dat we het niet gemakkelijk kunnen omdraaien. Om dit verschijnsel uit te leggen geeft Amma graag het voorbeeld van een man die na jaren zijn portemonnee in zijn broekzak gedragen te hebben, op een dag besluit die in zijn borstzak te dragen. Als je hem vraagt wanneer hij ontspannen is en tijd heeft om te denken, waar hij zijn portemonnee draagt, zal hij je zeggen: "Die heb ik nu in mijn borstzak." Maar wanneer hij snel zijn koffie moet betalen, graait hij in zijn broekzak. Wat hij theoretisch weet en zijn feitelijk gedrag stemmen niet overeen.

Er was eens een dakloze man die geen werk had noch een plaats om te verblijven. Hij overleefde alleen door alles te eten wat hij kon vinden. Vaak had hij geen keuze dan in vuilniscontainers en emmers te wroeten. Op een dag werd hij door een filantroop benaderd. Die zocht dakloze mensen die hij kon opvangen. De arme man kreeg onderdak en geld om voedsel te kopen. Hij kreeg ook geld voor universitair onderwijs. De man was door het dolle heen door het mededogen van de filantroop. Hij bedankte hem hartelijk, schreef zich bij een school in en zijn leven veranderde volledig. Tien jaar later was hij afgestudeerd met een MBA en bezat een onderneming die tot de top 500 behoorde. Op een dag werd hij in zijn limousine rondgereden en rookte een fijne Cubaanse sigaar. Hij zag de stad voorbijglijden door zijn gekleurde ramen. Plotseling schreeuwde hij tegen de chauffeur: "Stop! Stop! Stop de auto, in Gods naam! Ben je soms niet goed?"

De chauffeur trapte hard op de rem. "Wat? Wat is er, meneer?"

De dakloze man die tot zakenmagnaat geworden was schreeuwde terug: "Wat is er? Zag je het niet? De man op de hoek gooide een stuk pizza weg dat nog helemaal goed was!"

De man had nu genoeg geld om honderd pizzeria's te kopen, maar dit begrip was nog niet volledig tot zijn onderbewuste geest doorgedrongen. Toen hij zag dat de pizza in de afvalemmer gesmeten werd, vergat hij zijn huidige status en kwamen zijn oude denkpatronen weer naar boven.

Bijna iedereen kan zich opgeven voor een cursus 'Filosofie van de Oosterse Religies' en een basisinzicht krijgen in de Vedāntafilosofie. Maar deze mensen bereiken geen verlichting. De reden hiervan ligt in hun geest. Hun geest is niet voldoende gezuiverd om de kennis goed in zich op te nemen. De meesten van ons ontbreekt het aan onderscheidingsvermogen, subtiliteit, bewustzijn, geduld en gerichtheid. We zitten ook vol egoïstische opvattingen en worden voortdurend geplaagd door voorkeur en afkeer. Als iemand spirituele kennis echt wil assimileren, dan moeten al deze onzuiverheden verdwijnen. In veel opzichten is het verkrijgen van mentale zuiverheid veel moeilijker dan het verkrijgen van kennis. Men zegt zelfs dat als iemand mentale zuiverheid eenmaal bereikt heeft, bevrijding iets vanzelfsprekends is. Omdat de guru de leerling wil helpen mentale zuiverheid te verkrijgen begint hij zijn rol van handhaver van discipline.

"Zolang je geen meester over je geest bent, moet je bepaalde regels en beperkingen volgen die de guru heeft voorgeschreven. Als je eenmaal meester over je geest bent, valt er niets meer te vrezen," zegt Amma.

De vier kwalificaties

De geschriften specificeren verschillende gebieden waarop we de geest moeten disciplineren en zuiveren. Pas als we dat bereikt hebben, kan spirituele kennis goed opgenomen worden. In het Sanskriet worden deze gebieden samen sādhana catushtaya sampatti genoemd, de vier kwalificaties[3]. Het zijn: viveka, vairāgya, mumukshutvam en shamādi shatka sampatti: onderscheidingsvermogen, onthechting, dorst naar bevrijding en de zes disciplines die beginnen met controle over de geest.

Dus in sommige opzichten is een sadguru als Amma als een trainer, die ons niet alleen de regels van het leven leert, maar er ook voor zorgt dat we geschikt zijn om het spel te spelen. Zoals iedere goede trainer kent Amma de mentaal sterke en zwakke kanten van al haar spelers. Ze weet ook hoe ze hen moet helpen

---

[3] Ze worden kwalificaties genoemd omdat Zelfkennis alleen wortel schiet in een geest waar deze kwaliteiten goed ontwikkeld zijn. Als we in een ervan tekortschieten, betekent dat dat we ons meer in moeten spannen om ze te ontwikkelen, niet dat we niet geschikt zijn voor het spirituele leven.

die zwakheden te overwinnen, op welke manier dan ook. Door persoonlijke instructies, het scheppen van uitdagende situaties, het corrigeren van fouten en door de leerling zelf zijn fouten te laten inzien helpt Amma ons onze geest sterker en subtieler te maken totdat die de hoogste waarheid kan assimileren. Als de geest van de leerling volledig zuiver is, zal zijn assimilatie van de Waarheid, naar men zegt, plaatsvinden zodra die voor het eerst uitgelegd wordt, de zogenaamde onmiddellijke realisatie.

Viveka, vairāgya en mumukshutvam

Het eerste gebied van mentale verfijning is viveka. In diepste zin betekent viveka het vermogen om onderscheid te maken tussen Ātma en anātma, het Zelf en het niet-Zelf. Zowel wanneer men naar binnen kijkt als wanneer men naar de uiterlijke wereld kijkt, moet men in staat zijn om de werkelijkheid van de niet-werkelijkheid te onderscheiden, het kaf van het koren te scheiden, om zo te zeggen. De noodzaak van deze constante tweedeling is een van de redenen waarom men het spirituele leven met het lopen op het scherp van de snede vergelijkt[4]. Maar we kunnen dit onderscheid ook op een meer relatief niveau toepassen. Uiteindelijk is het leven een aaneenschakeling van beslissingen. Op ieder moment, bij iedere interactie, bij iedere ademtocht hebben we de keuze om te handelen, spreken en denken op een manier die ons dichter bij ons doel brengt of verder ervandaan. Dus viveka is handelen in overeenstemming met het duidelijke begrip dat het doel van het menselijk leven, blijvend geluk, nooit van tijdelijke dingen kan komen. Het kan alleen van iets eeuwigs komen.

Als we eenmaal het verschil begrijpen tussen dat wat tijdelijk geluk brengt en dat wat eeuwig geluk brengt, beginnen we vanzelf van de eerste in de richting van de tweede te gaan. De impuls om

---

[4] Katha Upanishad 1.3.14

weg te gaan van vergankelijk geluk wordt vairāgya genoemd en de impuls om naar blijvend geluk te gaan heet mumukshutvam. Op deze manier staan vairāgya, mumukshutvam en viveka direct met elkaar in verband. Mumukshutvam (dorst naar bevrijding) is ingeboren. Iedereen verlangt naar transcendentie. Niemand wil dat er grenzen aan zijn geluk gesteld worden. Steeds wanneer we door onze beperkingen gefrustreerd zijn, is dat een reflectie van onze ingeboren mumukshutvam. Maar de meeste mensen begrijpen niet dat gevoelens van beperking niet vermeden kunnen worden zolang we onze zinnen zetten op beperkte dingen: zintuiglijke genoegens, relaties, successen enz. Bovendien leren de paar mensen die het klaarspelen om deze werkelijkheid te ontdekken, bijna nooit dat er iets onbegrensd is, het Zelf waarnaar we streven. En dus blijven we proberen om zoveel mogelijk geluk te persen uit alle beperkte voorwerpen die we kunnen bemachtigen. Pas wanneer we door genade horen over het vermogen om te transcenderen door de realisatie van het Zelf, krijgt onze ingeboren mumukshutvam de kracht om ons te helpen. Bovendien wordt pas dan de kracht van onze mumukshutvam, of het gebrek daaraan, ons duidelijk. Alleen als die wat substantie heeft, proberen we viveka en vairāgya te cultiveren. Zo niet dan blijven we het geluk achternarennen in de beperkte materiële wereld.

Deze drie kwaliteiten worden versterkt door de beoefening van Karmayoga. Karmayoga is niet een bepaalde activiteit, maar een houding die op iedere activiteit kan worden toegepast. Het is een houding van totale zorg voor de activiteit en totale acceptatie van de resultaten van die activiteit. (Karmayoga wordt in detail in hoofdstuk vijf besproken.) Het is gemakkelijker gezegd dan gedaan om deze houding aan te nemen, vooral wanneer onze motivatie voor de activiteit materiële resultaten zijn, zoals geld, naam en faam enz. Daarom is het veel gemakkelijker de karma-yogahouding aan te nemen wanneer we het werk niet verrichten uit eigen verlangen, maar omdat onze guru ons gezegd heeft dat werk te doen. Dit is een van de redenen waarom Amma na een tijdje gewoonlijk suggereert dat we een bepaalde vorm van werk verrichten. Het kan de keuken schoonmaken zijn, voor de koeien zorgen, openbare plaatsen of parken schoonmaken, helpen bij de nieuwsbrief van onze plaatselijke Amma Satsanggroep of werken voor Amma's universiteit of ziekenhuis. Soms bestaat het uit directe dienstverlening aan Amma zelf. Door zulk werk te verrichten krijgen we een gevoel voor werk als Karmayoga. Het kan een baan van zestig uur per week zijn of slechts een paar uurtjes in een weekend. Wat het ook is, we ontwikkelen geleidelijk de bekwaamheid om de karma-yogahouding voor alle aspecten van het leven te gebruiken, of het nu een betrekking met salaris voor een multinational is of huishoudelijk werk.

Guru seva, onbaatzuchtig dienen in opdracht van de guru, is niet een vorm van slavernij. Noch is het iets wat we doen in ruil voor Amma's onderricht en affectie. De guru is één met de goddelijke waarheid die de schepping doordringt. Daarom heeft Amma het niet nodig dat we potten wassen of helpen bij het groenten snijden tijdens haar programma's. Noch heeft zij ons nodig om te helpen bij de projecten voor onbaatzuchtig dienen van de āshram. Amma heeft het niet nodig dat we wie dan ook dienen. Zij is volledig, met of zonder deze dingen. Amma biedt ons de gelegenheid dit werk te doen omdat ze weet dat zulke activiteiten, mits ze met liefde, zorg en oprechtheid gedaan worden, ons oneindig veel goed zullen doen. Ze kent de kracht ervan om onze geest van zijn voorkeur en afkeer te zuiveren, om onthechting van de voorbijgaande zintuiglijke genoegens te creëren en passie voor de eeuwige gelukzaligheid van het Zelf te creëren. Dit is allemaal essentieel als we echte vrijheid willen bereiken.

Er is nog een zeer unieke manier waarop Amma iedereen helpt mumukshutvam en vairāgya te ontwikkelen, en dat is haar darshan. In de tederheid van Amma's omarming komt onze geest plotseling tot rust, wat de vrede en de gelukzaligheid van ons Ware Zelf tevoorschijn laat komen. Voor velen is die ervaring een echte openbaring, een bevrijding. Zoals we eerder zeiden transformeert het ons denken en rangschikt het onze doeleinden opnieuw. Amma's darshan laat ons een diepe vrede ervaren, die niet verbonden is met een zintuiglijk object. Het is vrede die van binnen komt. Voor de spirituele zoeker wordt de herinnering aan deze ervaring als een lokmiddel, dat ons steeds verder leidt. Een sannyāsi die de āshram eens bezocht, zei: "Darshan is een ervaring waarna men alleen nog maar steeds dat wenst te ervaren."

Een volgeling legde het effect van Amma's darshan eens op de volgende manier uit. Toen ze jong was, wilden haar ouders niet dat ze chocolade at. In plaats daarvan gaven ze haar carob en zeiden dat het chocolade was. Jarenlang at ze carob en dacht dat het chocolade was. Toen gaf iemand haar echte chocolade. Daarna was ze nooit meer tevreden met carob. Met Amma's darshan is het hetzelfde. Amma zegt dat mensen een leven lang proberen hun dorst met rioolwater te lessen. Wanneer ze dan haar darshan krijgen, is dat als het drinken van kristalhelder bronwater. Dus Amma verfijnt onze geest en ons perspectief vanaf het begin.

De overige gebieden van noodzakelijke verfijning worden samen shamādi shatka sampatti genoemd, de zes disciplines die beginnen met controle over de geest. Het zijn: shama, dama[5], uparama, titiksha, shraddha en samādhāna.

---

[5] In de ārati wordt Amma's bekwaamheid bij het ontwikkelen van deze eigenschappen bij haar kinderen geprezen door de naam *shama dama dāyini*: zij die controle over de geest en de zintuigen geeft.

Dama

We beginnen met dama, het ontwikkelen van controle over onze zintuigen. In de beginstadia van het spirituele leven is onze geest zwak en kan gemakkelijk door veel zintuiglijke voorwerpen afgeleid worden. We proberen de waarheid na te leven dat wij zelf de bron van alle gelukzaligheid zijn. Dit is echter niet zo gemakkelijk nadat we vele levens uitsluitend in de voorwerpen van de wereld geluk gezocht en ervaren hebben, ook al was het nog zo vluchtig. Dama betekent letterlijk het vermijden van contact met zintuiglijke objecten die onze geest verstoren. In de Bhagavad Gītā wordt het voorbeeld van de schildpad gegeven.

yadā saṁharate cāyaṁ kūrmo'ṅgānīva sarvaśaḥ |
indriyāṇīndriyārthebhyaḥ tasya prajña pratiṣṭhitā ||

Wanneer hij zoals een schildpad zijn ledematen intrekt,
zijn zintuigen van de zintuigobjecten
terugtrekt, is zijn wijsheid stevig gevestigd

Bhagavad Gītā 2, 58

Steeds wanneer er gevaar opkomt, trekt de schildpad onmiddellijk zijn hoofd en poten in. Afgesloten van de buitenwereld is hij veilig totdat de bron van mogelijk gevaar verdwenen is. Op dezelfde manier moet de spirituele zoeker vermijden dat zijn vijf zintuigen (ogen, oren, neus, tast en smaak) in contact komen met mogelijk schadelijke zintuiglijke objecten.

Als we bijvoorbeeld een dieet volgen en er twee wegen zijn om van het werk naar huis te gaan, waarvan er één langs de pizzeria en de ijssalon gaat, is het dama als we de andere weg nemen. Of als we in de bus zitten en de mensen voor ons in een werelds gesprek gewikkeld zijn, kunnen wij als spirituele aspirant onze koptelefoon opzetten en naar bhajans of een spirituele toespraak luisteren. In het ergste geval kunnen we eenvoudig onze ogen dichtdoen als er iets is waarvan we weten dat het beter is om het niet te zien. Dit zijn allemaal vormen van controle over de zintuigen.

In dit verband heb ik een leuke grap gehoord over een man die dama liet zien. Een klant in een bakkerij onderzocht zorgvuldig alle overheerlijke gebakjes op de schalen in de vitrines. Toen de bediende hem benaderde en vroeg: "Wat kan ik voor u doen?" antwoordde hij: "Ik zou graag die met chocolade en slagroom gevulde Bossche Bol hebben, die met jam gevulde donut en dat met kwark gevulde Deense gebakje." Toen voegde hij er met een zucht aan toe: "Maar ik neem die muffin met haverzemelen."

In Amritapuri moeten de āshrambewoners veel regels volgen. Deze regels zijn allemaal bedoeld om hen controle over de zintuigen te laten krijgen. Wat de zintuigen niet binnengaat, gaat de geest niet gemakkelijk binnen. Amma heeft deze regels opgesteld met hun welzijn voor ogen. Ze zijn met een bepaald doel naar de āshram gekomen en Amma wil hen helpen dit doel te bereiken.

Psychologen leveren vaak kritiek op monastieke beperkingen en beweren dat ze een vorm van onderdrukking zijn en dat onderdrukking gezondheidsproblemen en krankzinnigheid kan veroorzaken. Ze hebben gedeeltelijk gelijk. Onderdrukking kan zulke ziekten tot gevolg hebben, maar de dama van de spirituele zoeker is geen onderdrukking. Het is eerder sublimatie. Het is gebaseerd op zijn kennis dat de neiging om toe te geven aan de zintuigen een hindernis voor zijn hogere doel is. In dit opzicht, zegt Amma, is het als een student die ervan afziet met zijn vrienden uit te gaan omdat hij voor een examen wil studeren of als een diabeticus die suiker vermijdt. Zijn vermijding komt voort uit zijn begrip, zijn denken met onderscheid. Daarom zijn zijn geest en lichaam in harmonie en stort hij nooit in. Als een kind gelooft dat zijn teddybeer hem tegen monsters die in de kast wonen beschermt, en wij hem dwingen zijn beer weg te gooien, kan dat gemakkelijk een negatieve invloed op zijn psyche hebben.

Maar wanneer het kind dit waanidee ontgroeit en zelf besluit niet langer met het knuffelbeest te slapen, brengt dat natuurlijk geen schade toe. Juiste dama is gebaseerd op begrip: de kennis dat zintuiglijke objecten inherent zonder waarde zijn, niet op het idee dat ze in morele zin slecht zijn.

Op een dag werd een monnik die tientallen jaren in een cel opgesloten had gezeten om ascese te beoefenen, erg ziek. Er kwamen veel dokters, maar niemand kon een diagnose stellen. Uiteindelijk kwam er een psychiater. Na een kort gesprek zei de psychiater hem dat zijn probleem onderdrukking was. Twintig jaar lang heb je de wereld verzaakt en alle wereldse genoegens verworpen," zei de psychiater. "Je moet je wat ontspannen en een beetje leven. Ik stel voor dat je uit je cel komt en een leuke reis door het land maakt."

"Dat is onmogelijk," zei de monnik. "Dat soort dingen heb ik allemaal opgegeven. Ik heb geloften afgelegd. Mijn leven is er een van ascese, niet van plezierreisjes!"

De psychiater hield voet bij stuk en zei de monnik dat het of ontspannen of sterven was. De monnik sloot zijn ogen in contemplatie. Tien seconden later zuchtte hij en opende zijn ogen. "Okay," zuchtte hij. "Maar dan wil ik wel een Mercedes cabriolet, met luxueuze leren stoelen en een enorme stereo-installatie."

Onze beheersing van de zintuigen moet gebaseerd zijn op begrip. Als we onze verlangens alleen maar onderdrukken, zullen ze sterker worden en ons uiteindelijk overweldigen.

Shama

De volgende discipline is shama, controle over de geest. Natuurlijk is het onmogelijk om zich helemaal af te sluiten van alle zintuiglijke objecten die gevaarlijk kunnen zijn. Of we het nu leuk vinden of niet, sommige zullen onze geest binnendringen en een indruk maken. Als de indruk eenmaal gemaakt is, zal hij van tijd tot tijd terugkeren in de bewuste geest. En zelfs als we kunnen vermijden te zien en horen wat spiritueel ongunstig is, is onze geest toch volledig op eigen houtje tot negativiteit in staat. We hebben allemaal de ervaring gehad dat we het slachtoffer van negatieve gedachten werden. We denken bijvoorbeeld plotseling negatief over een kennis, collega of familielid en zijn misschien overdreven kritisch over een persoonlijke tekortkoming van hem. Hier begint de rol van shama. Hoewel deze gedachte-impulsen niet voorkomen kunnen worden, kunnen ze in de kiem gesmoord worden. Eén methode van shama is de negatieve gedachte eenvoudig door een positieve vervangen. Dit kan het herhalen van onze mantra zijn, een herinnering aan een gebeurtenis met Amma of het bewust denken aan een goede eigenschap van die persoon.

Een andere methode die Amma aanbeveelt is de gedachte intellectueel uit ons hoofd bannen door ons af te vragen: "Helpt deze gedachte me werkelijk in het leven? Zal het de samenleving helpen? Zal dit denken mij helpen mijn doel in het leven te bereiken? Als ik alleen de negativiteit in anderen zie, hoe kan ik dan ooit een gevoel van eenheid met de hele schepping ervaren?" Door zo te denken kunnen we de mogelijk schadelijke gedachten ook vernietigen.

Nu is de vraag hoe Amma's guru bhāva ons hierbij kan helpen. Met betrekking to dama lijkt het mogelijk. Amma kan beperkingen opleggen. Maar kan ze ook ingrijpen in de privéwereld in ons eigen hoofd? Het antwoord is ja. Wat betreft de seva die de āshrambewoners doen, kan Amma een echte opzichter zijn. Als ze te hoort over werk dat onzorgvuldig gedaan is, zal ze zeker de betreffende personen oproepen. De uitbrander die volgt, zal een indruk op hen achterlaten die hen meer bewust zal maken als ze hun activiteit in de toekomst uitvoeren. Liever dan iemand op zijn kop te geven straft Amma zichzelf, gewoonlijk door te vasten. Zelfs als we maar een beetje liefde voor Amma

hebben, maken zulke hartverscheurende incidenten meer indruk dan iedere berisping.
   Toen ik nog bij de bank werkte, rookte ik soms. Een belangrijke reden waarom ik het deed, was om me op het werk alert te houden, nadat ik de hele nacht op was geweest tijdens Amma's Devi en Krishna bhāva. Niettemin begon het een gewoonte te worden. Op een nacht, tijdens de korte onderbreking tussen de twee bhāva darshans, ging ik voor Amma een kop thee halen bij het huis annex theekraampje van een volgeling. Toen ik buiten stond te wachten totdat de melk kookte, dacht ik dat ik er vlug eentje op kon steken. Dat deed ik dus. Toen de thee klaar was, doofde ik mijn sigaret uit, waste mijn handen, spoelde mijn mond en nam de kop thee mee naar Amma. Zodra ik die aan haar gaf, zei ze: "Je hebt een sigaret gerookt, is het niet?" Ik gaf het toe. Amma keek met een ongemakkelijke blik naar me en zei: "Dan wil ik het niet." Ik voelde me echt rot, omdat die ene kop thee gewoonlijk het enige voedsel was dat Amma de hele nacht nam. En nu wilde ze, om wat ik gedaan had, zelfs dat niet drinken.
   De volgende dag op het werk kreeg ik echt zin in een sigaret. Maar toen ik er een op wilde steken, dacht ik onmiddellijk aan Amma die met die gelaatsuitdrukking naar me keek en zei: "Ik wil het niet." Ik dacht er ook aan hoe ze de hele nacht had gevast. Ik besloot niet te roken. Dit was iets wat herhaaldelijk gebeurde. Daarna dacht ik iedere keer wanneer ik overwoog te roken, aan Amma's vasten. Spoedig had ik het roken helemaal opgegeven.
   Dus wanneer Amma haar guru bhāva oproept en een uitbrander geeft of zichzelf straft, maakt dat diepe indruk op ons. Het verlangen om zo'n tweede confrontatie met Amma in de toekomst te vermijden creëert extra bewustzijn in ons en uiterste aandacht voor de details van een handeling. Zo wordt ons werk een meditatie. Hoewel het bewustzijn door verhoogde aandacht voor een uiterlijk detail gecultiveerd wordt, zal het ook beschikbaar zijn

met betrekking tot innerlijke details. En dit innerlijk bewustzijn is essentieel voor succesvol shama. Want alleen als we ons onmiddellijk bewust zijn van een schadelijke gedachte of impuls, kunnen we die verwijderen door onze mantra te herhalen of met onderscheid te denken. Zo kan Amma als handhaver van discipline ons ook in dit opzicht helpen.

Uparama

Uparama is het standvastig uitvoeren van je dharma, wat het ook mag wezen. Het dharma van iemand met een gezin is duidelijk anders dan dat van een brahmachāri of een sannyāsi. Maar als kinderen van Amma zijn er dharma's die we allemaal gemeen hebben, zoals de dagelijkse verrichting van archana, het herhalen van onze mantra een bepaald aantal keren, meditatie en seva. Voor ons, kinderen van Amma, is alles wat Amma ons zegt te doen, dharma. In de āshram heeft Amma haar speciale manieren om de brahmachāri's te helpen regelmaat in zulke oefeningen te handhaven. Hier is een voorbeeld: Onlangs kwam het Amma ter ore dat een aantal brahmachāri's de ochtendarchana, het reciteren van de Lalita Sahasranāma[6], gemist had. Die begint iedere morgen om tien voor vijf. Toen alle āshrambewoners die dinsdag voor Amma's prasād kwamen, las Amma de namen voor van al degenen die afwezig waren geweest. Iedereen die ze opnoemde moest toen naar voren komen. "Dit is een āshram," zei Amma. "De regels en voorschriften zijn voor jullie welzijn. Nu moeten jullie een boete betalen. Jullie moeten nu je bord nemen en met je lepel erop slaan, rondom het āshramterrein lopen en zingen: 'Ik zal de archana bijwonen. Ik zal deze fout niet herhalen. Ik zal de archana bijwonen. Ik zal deze fout niet herhalen.'" Spoedig was de āshram vol van het geluid van stalen lepels die op stalen

---

[6] De duizend namen van de Goddelijke Moeder Sri Lalita.

borden geslagen werden en het timide gezang van een stuk of tien brahmachāri's.

Toen ze teruggekeerd waren, zei Amma: "We zijn allemaal peuters op het gebied van spiritualiteit. We moeten bepaalde regels en voorschriften volgen. We zijn allemaal trots op ons lichaam en uiterlijk. We zullen ons deze straf herinneren en dat zal ons de volgende keer wat bewustzijn geven. Door het ontwikkelen van bewustzijn kunnen we zo alert worden dat zelfs de kleinste negatieve gedachte onze geest niet binnen kan komen zonder dat wij het weten. Dit is het niveau van bewustzijn dat we nodig hebben."

Titiksha

Titiksha is de bekwaamheid om geduld en gelijkmoedigheid te bewaren, als we de verschillende ervaringen van het leven ondergaan, zoals hitte en kou, genoegens en pijn enz. Kort gezegd betekent het leren om je geest aan te passen aan de huidige situatie. Een van de beste voorbeelden dat Amma ons titiksha bijbrengt, zien we tijdens haar Indiase tournees. Tijdens deze tournees rijden de āshrambewoners in bussen. Onvermijdelijk laten de stoelen iets te wensen over in termen van ruimte voor je benen, vulling en schokabsorptie. Soms moeten āshrambewoners zelfs om de beurt staan, omdat er niet voldoende zitplaatsen zijn. De gangpaden van de bussen staan vaak vol met een assortiment aan potten, pannen, dozen, koffers en luidsprekers. Op sommige plaatsen zijn de wegen best goed, maar op andere plaatsen voelt het alsof je op en neer in de kraters van de maan rijdt. De temperatuur overdag is erg hoog en er is geen airconditioning. Waar dient dit allemaal voor? Het is een manier van Amma om het tolerantieniveau van haar leerlingen te verhogen. Pijn is betrekkelijk. Wat de een een folterende pijn vindt, daarvoor haalt iemand met een sterke geest zijn schouders op. Niemand zou zo'n reis maken, als hij zelf kon kiezen. Maar we zien dat door de gouden kansen om bij Amma te zijn niet alleen de āshrambewoners naar deze tournees uitkijken, maar er volgelingen uit de hele wereld komen om hieraan deel te nemen. Omdat ze de noodzaak van zulke ascese begrijpen, ondergaan ze die gewillig. Ze beëindigen de tournee mentaal veel sterker omdat ze het verdragen hebben.

Shraddha

Shraddha is vertrouwen en geloof in de woorden van de guru en de geschriften. We kunnen het gevoel hebben dat we veel vertrouwen hebben, maar bij nader onderzoek zien we vaak dat ons vertrouwen erg beperkt is. Amma zegt: "In deze tijd is ons vertrouwen als een kunstarm of -been. Er zit geen leven in. We hebben geen oprechte verbinding vol vertrouwen, omdat het niet juist in ons leven is ingeprent."

Een man liep in de bergen. Hij genoot van het landschap, tot hij te dicht bij de rand van een rots kwam en viel. Wanhopig stak hij zijn armen uit en greep een tak van een oude boom die aan de zijkant van de rots groeide. Vol angst beoordeelde hij de situatie. Hij hing 30 meter onder een steile rots en 300 meter boven de bodem van het ravijn onder hem. Hij riep uit: "Help me!" Maar er kwam geen antwoord. Hij riep telkens opnieuw, maar zonder resultaat. Uiteindelijk gilde hij: "Is er iemand daar boven?"

Plotseling antwoordde een diepe stem: "Ja, ik ben hier boven."
"Wie is het?"
"Het is God."
"Kunt u me helpen?"
"Ja, ik kan helpen. Vertrouw op mij."
"Okay, ik vertrouw op u. Maar help me alstublieft."
De diepe stem antwoordde: "Goed, ik wil dat je vertrouwen in me hebt en loslaat."

Het belang van de guru

De man keek om zich heen en raakte in paniek. Hij kon zijn oren niet geloven. "Wat?" De stem riep nogmaals: "Vertrouw op me. Laat los. Ik zal je opvangen." Toen riep de man: "Hé, is er iemand anders daarboven?" Vertrouwen is niet iets dat door discipline geforceerd kan worden. Maar Amma laat zulk vertrouwen wel in ons groeien. Want als een gerealiseerde meester spreekt, hebben zijn woorden een kracht en autoriteit als die van niemand anders. Dit komt doordat de waarheden die ze verkondigen, voor honderd procent hun eigen ervaring zijn. Geen enkel geschrift, geen enkele filosoof of schriftgeleerde zal zo'n invloed hebben. Iedere handeling en ieder woord van de sadguru weerspiegelen dat hij in de uiteindelijke Waarheid gevestigd is en dat het voor ieder van ons mogelijk is om die Waarheid voor onszelf te realiseren.

Bovendien zien we in het spirituele leven dat vertrouwen meer vertrouwen wekt. In de Indiase cultuur wordt vertrouwen gekweekt vanaf het moment dat het kind ter wereld komt. Samskāra's zoals geboorterituelen, naamgevingsceremonies, eerste-voedselrituelen, onderwijsceremonies, huwelijksrituelen zijn op zo'n manier met het leven verweven dat men geleidelijk steeds meer gegrondvest wordt in de kracht en de geldigheid van de religieuze en spirituele traditie. Tegen de tijd dat iemand naar de guru gaat, is diep vertrouwen in de spirituele principes al in hem geworteld door zijn eigen ervaring. Onder de leiding van de guru blijft zijn vertrouwen toenemen. De guru zal ons bijvoorbeeld vaak vragen een taak op ons te nemen die we niet gemakkelijk vinden. Misschien vraagt hij ons werk te doen waarvoor we ons totaal ongeschikt voelen. Als we vertrouwen in de guru hebben en zonder aarzelen handelen, zullen we ontdekken dat onze vrees ongegrond was. Dit zal ons vertrouwen nog meer laten toenemen. Als we daarentegen toegeven aan onze remmingen en de woorden van de guru niet opvolgen, nemen onze angsten alleen maar toe. Als de geest door vertrouwen geleid wordt, is hij een uitstekende dienaar. Maar als we hem toestaan de dienst uit te maken, wordt hij een tirannieke meester.

Samādhāna

Samādhāna is perfecte, op één doel gerichte concentratie. Dit is alleen mogelijk door het doen van spirituele oefeningen die de guru ons gegeven heeft, zoals meditatie, mantra japa en vormen van reciteren en zingen. (Dit wordt in detail in hoofdstuk 8 besproken.) Totdat ons verlangen naar bevrijding volledig ontvlamd is, kan onze regelmaat in deze oefeningen variëren, als we aan ons lot worden overgelaten. Maar in de āshram stelt Amma een strikt schema op dat alle leerlingen moeten volgen, wat hen helpt perfectie te verkrijgen in deze concentratie op één doel.

Concentratie is niet alleen nodig in de meditatie of om zich op de woorden van de guru te kunnen richten. Het is ook nodig met betrekking tot het bereiken van het doel van het leven. Dit soort concentratie noemt Amma lakshya bodha, bewustzijn van het doel. In Amma's āshram hebben mensen op veel plaatsen, in de liften, op computermonitors, op autosturen, kleine stickers geplakt met de tekst "Vergeet niet je mantra te herhalen." Iedere gedachte aan de guru kan als zo'n sticker fungeren, als we de juiste houding hebben.

We moeten niet denken dat Amma ons op een dag naar voren zal roepen en ons zal bekendmaken dat vandaag het officiële begin van onze guru-leerlingrelatie is. Zo is het niet. Amma bepaalt de volwassenheid, overgave, onthechting en het verlangen naar het doel bij iedere persoon en handelt dienovereenkomstig. Ze neemt altijd het totale beeld in ogenschouw. Sommigen zijn meteen min of meer klaar, anderen hebben wat meer tijd in de oven nodig,

Het belang van de guru

om het zo maar te zeggen. Het is niet zwart-wit. In de mate dat we klaar zijn voor disciplinering, zal Amma het geven. Bovendien is iedereen verschillend, niet iedereen heeft Amma's directe discipline nodig. Er zijn mensen die twintig jaar in de āshram zijn geweest en die Amma nooit in enig opzicht direct heeft gecorrigeerd. Tegelijkertijd zijn er volgelingen die nooit een voet in Amritapuri gezet hebben en met wie Amma bijna vanaf het eerste begin erg strikt is. Dit laat zien dat Amma naar een groter beeld kijkt dan wij met onze ogen kunnen zien. Ze neemt het verleden, het heden en de toekomst van iedereen in aanmerking en handelt dienovereenkomstig.

Amma zegt dat we geen algemene lijst met regels op kunnen stellen hoe een guru een leerling moet behandelen. "De guru leidt de leerling in overeenstemming met de vāsana's die de leerling in vele levens heeft verworven," zegt Amma. "Zelfs in gelijke situaties kan de guru zich verschillend tegenover verschillende leerlingen gedragen. Het hoeft voor jou nergens op te slaan. Alleen de guru weet de reden. De guru besluit welke procedures hij zal volgen om de vāsana's van een bepaald individu te verzwakken en hem naar het doel te leiden. Er is één factor die de spirituele vooruitgang van de leerling bevordert en dat is dat hij zich neerlegt bij de beslissingen van de guru. Als twee leerlingen dezelfde fout maken, kan de meester boos op de een worden en zeer liefdevol tegenover de ander zijn en doen alsof er niets gebeurd is."

In laatste instantie beitelt de guru stukjes van het ego van de leerling af. Hij is als een meester-beeldhouwer die van een massief stuk rots stukjes afbeitelt. Gezien van het perspectief van de rots kan het erg pijnlijk lijken, maar de meester ziet het prachtige beeld van God dat van binnen wacht. Het is niet een proces dat even snel gedaan kan worden. De guru gaat zorgvuldig te werk. Het is een proces dat alleen door een meester-kunstenaar geleid kan worden. Anderen kunnen de steen alleen kapot maken en de schoonheid van het beeld dat binnenin wacht, bederven.

Het enige verschil tussen een steen en een leerling is dat de steen geen andere keuze heeft dan zich over te geven. De leerling kan er altijd genoeg van krijgen en vertrekken, wat soms gebeurt. Sommige plaatsen waar de guru op slaat, kunnen erg pijnlijk zijn. En een sadguru als Amma kent alle juiste plaatsen! In India zijn mensen die mārmika's genoemd worden. Het zijn mensen die alle minutieuze drukpunten van het lichaam kennen en iemand met de tik van een vinger invalide kunnen maken. In veel opzichten is Amma zo. Met één zin kan ze ons machteloos maken. Verder heeft ze de macht dit voor iedereen in de omgeving te verbergen. Voor iedereen lijkt het een goede grap, een van Amma līla's of zelfs een compliment. Alleen Amma's doelwit weet hoe scherp en precies haar pijl geweest is.

Ik herinner me een voorval dat verscheidene jaren geleden plaatsvond. Amma gaf darshan en een toegewijde vroeg: "Amma, steeds wanneer ik naar de āshram kom, hoor ik zoveel prachtige bhajans. Waar komen al deze bhajans vandaan? Wie schrijft ze?"

Amma antwoordde: "Heel veel mensen schrijven de bhajans: toegewijden, brahmachāri's, brahmachārini's, swāmi's…" Toen wees Amma naar een brahmachāri die bij haar zat en zei: "Hij heeft een paar zeer mooie liederen geschreven."

Ogenschijnlijk gaf Amma deze brahmachāri een compliment, maar in werkelijkheid was het een precieze klap die Amma met haar beitel gaf. De brahmachāri had inderdaad verscheidene bhajans geschreven en ze aan Amma gegeven, maar Amma moest de eerste bhajan nog zingen. Een week geleden had hij Amma op dit onderwerp aangesproken en gezegd: "Amma, ik heb u zoveel bhajans gegeven, maar u hebt er niet een van gezongen. Andere mensen geven u bhajans, waarvan ik weet dat ze niet zo goed als die van mij zijn, en u zingt ze onmiddellijk. Ik weet dat het is omdat u meer van hen houdt dan van mij."

Amma had geantwoord: "Zoon, je zegt dat je deze liederen aan Amma hebt aangeboden. Maar heb je dat werkelijk gedaan? Als je iemand iets echt geeft, dan is het niet langer van jou. Het behoort nu aan degene aan wie het is aangeboden. Dat is echt geven. Aan jouw geven schijnen veel voorwaarden te zitten."
Esthetisch en technisch waren de bhajans van deze brahmachāri misschien van een hogere kwaliteit. Maar als zijn guru was Amma's eerste zorg niet het zingen van uitstekende bhajans, maar hem een les te leren over het ego[7], dat zich manifesteert als het besef dat men degene is die handelt. Amma heeft altijd ons hoogste welzijn voor ogen. Zulke ervaringen zijn kostbaar, hoewel ze pijnlijk kunnen zijn. Amma neemt de tijd om te beitelen, te corrigeren, bij te schaven.

Ik herinner me dat ik ooit een vers ter ere van de guru gelezen heb, dat als volgt was:

Als je je als een muis voelt, van wie de staart gevangen zit
onder de klauw van een kat,
weet dan dat de guru je zeer innig aan zijn hart houdt.

Dit begrip moeten we altijd levendig houden. Anders beginnen we de guru te beoordelen, zoals de brahmachāri die Amma zijn liederen aanbood, en denken ten onrechte dat haar handelingen voortkomen uit voorkeur en afkeer en niet uit haar zorg om ons hoogste welzijn.

Ik herinner me een gezin dat in de āshram woonde. Uiterlijk gezien stonden ze dicht bij Amma, maar toen Amma's guru bhāva zich voor hen manifesteerde, pakten ze snel hun biezen en

---

[7] Een paar weken later zong Amma enkele bhajans van deze brahmachāri.

vertrokken. Ze zeiden tegen de mensen: "Guruvāyurappan[8] is genoeg voor ons." Volgelingen van God bidden altijd dat God een vorm aanneemt en hen bezoekt, maar als Hij dat doet, wensen ze vaak al snel dat Hij teruggaat naar waar Hij vandaan kwam.

De innerlijke guru

Een sadguru wijst niet alleen op onze tekortkomingen, maar hij helpt ons ook om die zelf te zien. Geleidelijk wordt de wereld steeds meer als een spiegel, waarin al onze negatieve eigenschappen en karakterfouten weerspiegeld worden. Amma zegt dat het doel van de uiterlijke guru is om de innerlijke guru in ons wakker te maken. Als we dit niveau van afstemming ontwikkelen, wordt de hele wereld de guru. We zien het onderricht dat we van de uiterlijke guru hebben gekregen overal waar we kijken: in ons gezinsleven, beroepsleven, sociaal leven en zelfs in de natuur. Amma zegt dat het zo voor haar was, zelfs als kind.

"Alles in deze wereld is Amma's guru," zegt Amma. "God en de guru zijn in iedereen, maar zolang het ego standhoudt, zijn we ons hiervan niet bewust. Het ego fungeert als een sluier en verbergt de innerlijke guru. Als je de innerlijke guru eenmaal ontdekt hebt, neem je de guru in alles in het universum waar. Toen Amma de guru in zichzelf vond, werd alles, inclusief ieder zandkorreltje, haar guru. Je kunt je afvragen of zelfs een doorn Amma's guru was. Ja, iedere doorn was haar guru. Want als je voet door een doorn geprikt wordt, besteed je meer aandacht aan het pad. Dankzij die doorn kun je vermijden dat je door andere doorns geprikt wordt en in een diepe sloot valt. Amma ziet haar lichaam ook als guru, want als we nadenken over de voorbijgaande aard van het lichaam, beseffen we dat het Zelf de

---

[8] Sri Krishna geïnstalleerd in een beroemde tempel in Guruvayur bij Trishur, Kerala

enige eeuwige realiteit is. Alles rondom Amma leidde haar naar goedheid en daarom heeft Amma een gevoel van respect voor alles in het leven."

Het is de taak van de uiterlijke guru om ons naar dit punt te leiden. Maar het is niet zo dat de guru ons in de steek laat, wanneer we daar eenmaal aangekomen zijn. Integendeel, de guru is dan voortdurend bij ons, eet met ons, loopt met ons, werkt met ons, slaapt zelfs met ons. Dat is omdat het onderwijs van de guru met ons versmolten is en overal waar we heen gaan, volgt het ons. Verder hebben we de kennis dat de essentie van de guru, bewustzijn, de hele kosmos doordringt. Als we dit punt eenmaal bereikt hebben, is het alsof we in de sneltrein zitten. We stappen niet meer uit. We leiden ons hele leven in eenheid met de sadguru.

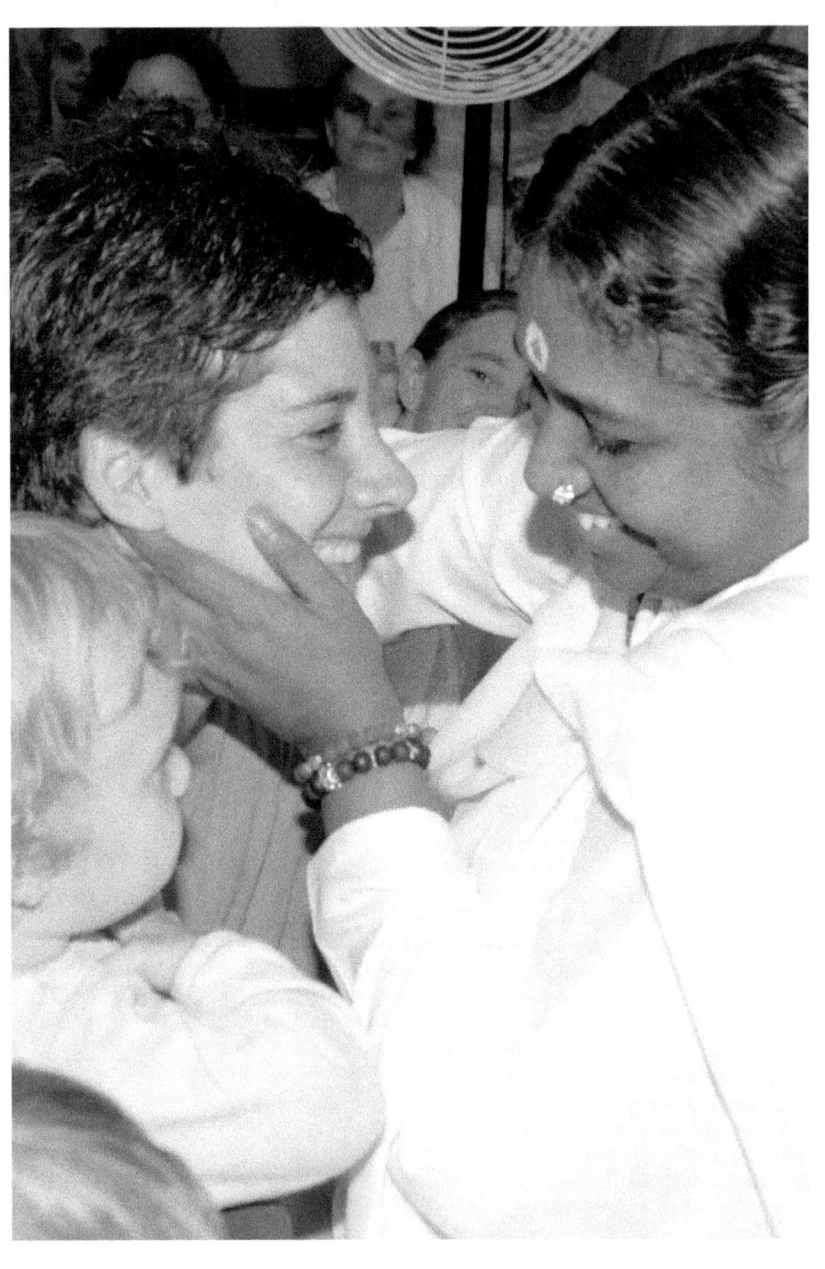

Hoofdstuk 4

De rol van Amma's āshram

Een āshram is niet alleen een verzameling levenloze gebouwen, tempels en bomen. Het is veeleer de belichaming van de genade van de sadguru. Het is een vitale, dynamische en levendige instelling die bij de oprechte student de aspiratie om de toestand van eenheid te bereiken stimuleert.

Amma

Voor iemand die geïnteresseerd is in spirituele vooruitgang is er geen betere plaats dan de āshram van een verlicht meester. Amritapuri is als een universiteit: de perfecte plaats om te leren, te oefenen en het spiritueel onderwijs in je op te nemen. Als men hier eenmaal aangekomen is, is het niet nodig ergens anders heen te gaan.

Hoewel Amritapuri vaak meer op een festivalterrein lijkt dan op een kluizenaarsplek, geeft Amma ons alles wat we nodig hebben voor onze spirituele groei, zowel op lichamelijk als subtiel niveau. In dit opzicht is Amma's āshram met opzet een microkosmos van de 'echte wereld' waar we alle soorten mensen en situaties tegenkomen. Als we de juiste houding hebben, zal dit ons helpen spiritueel volwassen te worden. De ervaring in de āshram kan vergeleken worden met het leren zwemmen in een zwembad in tegenstelling tot het direct in de oceaan duiken. We blijven onder het beschermende oog van badmeester Amma en kunnen alle slagen die nodig zijn om in het leven boven water te blijven, leren en geleidelijk perfectioneren. Daarna kunnen

we overal zwemmen. Amma zegt: "Voor iemand die heeft leren zwemmen, vormen de golven van de oceaan een blij spel, maar voor iemand die niet kan zwemmen, zijn ze vreselijk en kunnen ze zijn dood tot gevolg hebben."

Voor velen is de eerste keer dat ze Amma's āshram bezoeken als een thuiskomst. Ze zijn er nooit eerder geweest, maar toch hebben ze het gevoel dat ze voor het eerst in hun leven echt thuisgekomen zijn. Op het moment dat dit boek uitgegeven wordt, zijn er meer dan 3.000 fulltime āshrambewoners, een mengsel van sannyāsi's, brahmachāri's, brahmachārini's en getrouwde mensen die in Amritapuri wonen. Omdat Amritapuri een van de vijf campussen van de Amrita Universiteit is, wonen er daarnaast ook nog 3.000 studenten. Bovendien bezoeken iedere dag honderden toegewijden vanuit de hele wereld de āshram. Sommigen blijven wel zes maanden. Dan zijn er de duizenden mensen die slechts één dag komen om Amma's darshan te ontvangen. Op vele manieren is een āshram, die eens het simpele huis van Amma's ouders was, getransformeerd tot een compleet dorp.

Amma vergelijkt de āshram vaak met een grote familie. In India is het de traditie dat een getrouwd stel bij de ouders van de man gaat wonen. Als het niet in hetzelfde huis is, dan toch op hetzelfde stuk grond. Sommige van die groepen huizen zijn enorm groot. In 2007 bezocht Amma zo'n plaats naast de Shri Ranganāthantempel in Tiruccirapalli in Tamil Nadu. In één huizencomplex moeten minstens zeventig familieleden gewoond hebben. Maar dat is nog niets. In Lakkūr in Karnātaka woont een familie van 170 leden samen. In vroeger tijden waren de meeste Indiase families zo. Nu is het kerngezin populair geworden. De gangbare houding is dat twee ouders en hun kinderen meer dan genoeg zijn om onder één dak te wonen. En zodra de kinderen oud genoeg zijn, willen ze het huis uit en op zichzelf wonen. Maar Amma zegt dat we, als we goed kijken, zien dat de kinderen die in grote families zijn grootgebracht, over het algemeen volwassener en mentaal veerkrachtiger zijn dan een enig kind of zelfs kinderen die slechts een of twee broers of zussen hebben.

In Amritapuri wonen is ook zo, maar dan nog véél sterker. In het systeem met meerdere gezinnen spreekt iedereen dezelfde taal en heeft dezelfde cultuur. In Amritapuri heb je mensen uit meer dan vijftig verschillende landen, die tientallen talen spreken. Amma vergelijkt het samenwonen en werken van zoveel verschillende soorten mensen met honderden ruwe stenen die in een gigantische polijsttrommel gestopt worden. Als de stenen tegen elkaar botsen, stoten en vallen, dan slijten al hun ruwe kanten eraf. Ten slotte komen de stenen er glad, gepolijst en schijnend uit.

In de huidige wereld zien we juist het tegenovergestelde. Iedereen verbergt zich voor een ander. De werknemer verbergt zich voor zijn baas. De man verbergt zich voor zijn vrouw. De vrouw verbergt zich voor haar man. De kinderen verbergen zich voor de ouders en de ouders verbergen zich voor de kinderen. Zoals Amma zegt: "Als er vier mensen in een huis wonen, leven ze allemaal als geïsoleerde eilanden."

Dit herinnert me aan een spotprent die een volgeling me eens liet zien. Op die tekening droeg de echtgenote, een grote, zwaargebouwde vrouw, een deegrol. Ze keek onder het bed en schreeuwde: "Als je een man bent, kom daar dan onderuit!" En wie lag er onder het bed? Haar man. Hij was klein en mager en perste zich in de verste hoek onder het bed. Vandaar schreeuwde hij terug: "Ik ben de heer des huizes. Ik kom hieruit wanneer ik wil!"

We denken dat onze isolatie een keuze is, maar in werkelijkheid laten we ons gevoel van onveiligheid en overgevoeligheid ons opsluiten. We eisen de 'ruimte onder het bed' met een sterk besef van overwinning. We zijn daar blij om, maar zijn ons er niet bewust van dat we ons van de rest van het huis afsluiten.

Vandaag de dag wil iedereen zijn eigen kamer, zijn eigen kantoor en zijn eigen auto. Zelfs apparaten die ontworpen zijn om het contact te verbeteren, zoals mobiele telefoon en het internet, dienen er in onze handen alleen voor om ons meer dan ooit te isoleren en af te zonderen. Het gevolg is een generatie die zeer slecht in staat is om zelfs de kleinste moeilijkheid met gelijkmoedigheid het hoofd te bieden. Wanneer er een conflict ontstaat, zinken we weg in een depressie of worden woedend. In onze geïsoleerde wereld is er niemand om ons ego en egoïsme onder controle te houden. We worden volledig op onszelf gericht en zijn niet in staat rekening te houden met de gevoelens en standpunten van anderen.

In 2007 gaf Amma een toespraak op het Cinéma Vérité Filmfestival in Parijs. De titel was: *Mededogen, de enige weg naar vrede*. In die toespraak had Amma het uitgebreid over de disharmonie tussen de mensheid en de natuur. Ze gaf ook een opsomming van de vele dingen die de mensen kunnen doen om de situatie te verbeteren. Eén suggestie was carpooling. Nadat Amma alle onmiddellijke voordelen had opgenoemd zoals minder verontreiniging, minder olieverbruik, minder verkeer, zei ze: "Het belangrijkste is dat de liefde en samenwerking tussen de mensen zal toenemen." Het is dus duidelijk dat Amma ziet dat deze isolatie een serieuze negatieve invloed op de geest van de individuen heeft en op de samenleving als geheel. Het leven in de āshram werkt volgens hetzelfde principe. Het is één grote carpool.

De āshram is een ideale omgeving om onze spirituele oefeningen te doen. Zoals we in latere hoofdstukken zullen zien, kunnen we spirituele oefeningen in drie categorieën indelen: Karmayoga, meditatie en het verkrijgen van Zelfkennis. Zoals we in hoofdstuk vijf in detail zullen bespreken, is Karmayoga op de eerste plaats gericht op het verkrijgen van vairāgya, het overwinnen van onze voorkeur en afkeer, zodat we een bepaald niveau van mentale gelijkmoedigheid kunnen hebben. Voor deze spirituele oefening is er geen betere plaats dan Amritapuri. Om iets te overwinnen moeten we ons eerst bewust worden van de aanwezigheid ervan. In Amritapuri is het nergens mogelijk je af te zonderen, geen bedden om je onder te verstoppen. Als men erop staat vast te houden aan zijn voorkeur en afkeer, is Amritapuri waarschijnlijk een niet erg comfortabele plaats. Als men echter begrijpt dat voorkeur en afkeer beperkingen zijn en uiteindelijk ongewenst, wordt Amritapuri het perfecte oefenterrein.

In de āshram is de mogelijkheid tot tapas overal aanwezig. Je kunt geduld oefenen als je in de rij voor het eten staat of op Amma's darshan wacht. Je kunt titiksha oefenen als je je een weg moet banen door de mensenmenigtes op feestdagen als Onam of Amma's verjaardag. Je kunt je afhankelijkheid van slaap overwinnen als je opblijft om bij Amma te zijn. Je kunt je afhankelijkheid van lekker eten opgeven. Je kunt erachter komen dat je niet echt een pluche bed in een eigen kamer nodig hebt, maar als een baby op een strooien matje kan slapen met andere mensen in een kamer van vier bij vier. Je kunt je hekel aan lawaai overwinnen en leren om in iedere omgeving rustig te zijn.

Iemand vertelde me eens de volgende grap over een land waar het lang duurde voordat er iets tot stand gebracht was. Iemand heeft een auto nodig en gaat dus naar een autohandelaar die hem twee modellen toont. Hij kiest de auto die hij leuk vindt en betaalt. De autohandelaar zegt: "U kunt uw auto over precies tien jaar ophalen."

De man antwoord: "'s Morgens of 's middags?"

De handelaar zegt: "Wat doet het ertoe?"

De man antwoordt: "Wel, 's ochtends komt de loodgieter."

Het punt is niet dat de āshram als een land is dat inefficiënt bestuurd wordt. En het gaat er ook niet om dat we onnodig moeten lijden. Het idee is eerder dat we positieve eigenschappen als geduld kunnen ontwikkelen, als we over uitdagende situaties heen stappen en ze met een positieve houding tegemoet treden. Bovendien blijft onze geest geconcentreerd door Amma's aanwezigheid en invloed ondanks de uitdagingen die zich voordoen.

Met betrekking tot de tweede spirituele oefening, meditatie, is Amritapuri ook een gezegende plaats. Het is bijna een paradox. Hoe kan een plaats die als een bijenkorf gonst van lawaai en activiteit, bevorderlijk zijn voor meditatie? Als mensen Amritapuri voor de eerste keer bezoeken, is dit een algemene twijfel. Maar als ze een paar dagen volhouden, verkrijgen ze spoedig innerlijke rust, ondanks de uiterlijke drukte. Hoewel er soms tienduizend mensen in de āshram zijn, is er toch een gevoel van alleen zijn. Dit kan alleen worden toegeschreven aan de aanwezigheid van Amma, een levende meester. Het is ook Amma's aanwezigheid waardoor we onze voorkeur en afkeer kunnen loslaten en ons door Karmayoga kunnen overgeven. De aanwezigheid van een volledig verlichte ziel is iets volkomen uniek en werkt zeer transformerend.

"Hoe diep we ook op sommige plaatsen graven, we hoeven niet per se water te vinden," zegt Amma. "Als we daarentegen naast een rivier graven, kunnen we gemakkelijk water vinden. We hoeven niet erg diep te graven. Op dezelfde manier maakt de nabijheid van een sadguru de spirituele taak makkelijker voor de leerling. Je zult de vruchten van je oefeningen zonder veel moeite kunnen genieten."

Amma, die de hoogste waarheid gerealiseerd heeft, is altijd verzadigd van gelukzaligheid. Ze is zo zuiver, ze straalt vrede en rust uit. Deze invloed treedt naar buiten en beïnvloedt de mensen in Amma's nabijheid. Het doordringt de hele āshram. Daarom voelen veel mensen zich onmiddellijk meer ontspannen en rustig, wanneer ze de āshram binnenkomen. Zelfs journalisten zonder enige spirituele belangstelling merken deze ervaring vaak op. Het is als het verschijnsel resonantie waarbij een voorwerp dat met een bepaalde frequentie trilt, andere voorwerpen laat trillen met dezelfde frequentie. Het is dit verschijnsel dat gesymboliseerd wordt in schilderijen van heiligen waar leeuwen en lammeren vredig naast hen liggen. De angst van het lam en de wildheid van de leeuw worden geneutraliseerd door de krachtige vredige invloed van de mahātma.

Alle soorten mensen komen naar de āshram. Sommigen springen uit de toeristenboot die over de backwaters vaart. Vaak dragen deze mensen het gewicht van de wereld zichtbaar op hun schouders. Hoewel ze op vakantie zijn, kun je zien dat de last van het leven op velen van hen erg zwaar drukt. Als ik zulke mensen zie, moet ik toegeven dat mijn belangstelling gewekt is. Waarom? Omdat ik weet dat we een grote transformatie in hen zullen zien, als ze een week of twee blijven. Ze beginnen anders te lopen, anders te praten, anders te glimlachen. Ze zullen er lichamelijk en mentaal gezonder uitzien. Er verschijnt een speciaal licht op hun gezicht, waar er eerst vooral donkere wolken waren. Ik kan dit alleen toeschrijven aan de diepgaande en krachtige vibratie die van Amma uitgaat. En deze krachtige vibratie maakt onze geest op een natuurlijke manier meditatief. Daarom vinden mensen het rondom Amma veel gemakkelijker om hun mantra met concentratie te herhalen, hun gekozen meditatieobject te visualiseren en in het algemeen op God gericht te blijven.

Met betrekking tot jñāna yoga is Amritapuri ook weer een ideale omgeving. Niet alleen geeft Amma regelmatig toespraken en leidt ze vraag- en antwoordsessies, maar er zijn ook regelmatig cursussen over basisgeschriften als de Upanishaden, Bhagavad Gītā en Brahma Sūtra's. De zeldzame schoonheid van Amma's vraag- en antwoordsessies is dat Amma niemand ervan weerhoudt welke vraag dan ook te stellen. Ook antwoordt ze altijd in overeenstemming met het niveau van begrip van de vragensteller. Zulke op maat gemaakte antwoorden vind je niet in boeken.

Amritapuri is de perfecte plaats om de geschriften te bestuderen, je twijfels te laten wegnemen en de kennis uiteindelijk te assimileren. In de vrede van Amma's āshram is men eerder bezinnend ingesteld en gemakkelijker in staat om te functioneren vanaf verschillende niveaus van sākshi bhāva en na te denken over de waarheid van het Zelf.

Amma zegt dat de grond van Amritapuri bewerkt is met haar tranen – de ascese die ze beoefend heeft en nog steeds beoefent voor het welzijn van de wereld. Dat heeft de aarde hier heilig gemaakt. Daarom is Amritapuri de meest vruchtbare grond die men kan vinden voor het ontwikkelen van bhakti, devotie voor God. Amma definieert bhakti niet als devotie voor een bepaalde vorm van God. Ze zegt dat het de zuiverste vorm van liefde is, een liefde zonder grenzen, verwachtingen of beperkingen. Het hoogtepunt ligt in totale overgave aan God. Afhankelijk van het ontwikkelingstadium van de zoeker manifesteert devotie zich op verschillende manieren, maar het innerlijke gevoel blijft altijd. Het wordt alleen maar sterker. Velen komen naar Amritapuri en begrijpen de betekenis van het woord devotie niet eens, maar toch ontstaat er spoedig bhakti in hen. Als we naar Amma's oprechte bhajans luisteren en haar vervoering zien als ze de namen van God aanroept, ondergaan we weldra een transformatie en verruimt ons hart zich in liefde voor God. Bhakti verandert van een abstract begrip naar het middelpunt van wie we zijn.

Als we gewoon in de āshram lopen, worden we geïnspireerd om onze spirituele oefeningen te doen en ermee door te gaan. In bijna ieder opzicht is het precies het tegenovergestelde van thuis. Het gezin heeft op zijn hoogst een klein kamertje dat aan God gewijd is, de rest behoort aan het gezin. De āshram is als het wonen in een enorme pūjakamer[1]. Een huis voor een gezin wordt

---

[1] In India wordt traditioneel één kamer van het huis gewijd aan gebed, meditatie en aanbidding.

ingericht voor ons comfort. De afbeeldingen van familieleden aan de muur, de herinneringen aan onze vakanties, de televisie, de zachte sofa, alles is een constante herinnering aan onze beperkte persoonlijkheid en een roep om zintuiglijk comfort. Thuis zijn we vaak de enige die vroeg wil opstaan, de archana reciteren, meditatie beoefenen en de geschriften bestuderen. Net als we een dag willen zwijgen, heeft het gezin een feest. Wanneer we proberen te vasten, koken ze ons lievelingsgerecht. Ik herinner me dat iemand me eens een spotprent in die trant liet zien. Een teenager zat in zijn slaapkamer en was gekleed als brahmachāri: een lang gewaad, hoofd kaalgeschoren op het kwastje na en met een tamboerijn in zijn hand om bhajans te zingen. In de deuropening stonden zijn ouders, die niet erg gelukkig leken met de manier van leven die hun zoon gekozen had. Het onderschrift zei: "Je vader en ik willen je laten weten dat we 100% achter je staan als je zou besluiten weer een drugsverslaafde te worden."

De āshram is juist het tegenovergestelde. In de āshram zijn alle afbeeldingen van goden of mahātma's. Overal waar je kijkt zie je mensen gekleed in het uniform van zuiverheid en verzaking. Alles is verzadigd met de herinnering aan Amma. Haar voetstappen beslaan de hele āshram. We zien de backwaters en worden herinnerd aan de tijd dat Amma die in de dorpsboot overstak. Of aan de verhalen die we Amma hebben horen vertellen over het zwemmen met haar jeugdvriendinnen. We zien de oceaan en denken aan Amma die aan de kant van het water zit en gelukzalig *Shrishtiyum nīye* zingt. En als Amma in de āshram is, kan men altijd naar haar toe gaan om te kijken hoe ze darshan geeft. Iedere avond bhajans met Amma! Er is geen omgeving die meer inspireert dan de āshram van een levende meester.

Hier is de kracht van sangha, spiritueel gezelschap. Iedereen staat vroeg op. Iedereen mediteert. Iedereen woont de bhajans bij. Mensen helpen elkaar om wakker te worden voor de recitatie, als ze de ochtendbel niet gehoord hebben. Dit helpt ons door te gaan in tijden dat we opgegeven zouden hebben als we aan ons lot werden overgelaten. Het als het alfabet op school leren in tegenstelling tot helemaal alleen.

Vier stadia in het leven

Het Vedische ontwerp voor het leven omvat vier āshrama's (stadia in het leven): brahmachārya āshrama, grihasta āshrama, vānaprastha āshrama en sannyāsa āshrama[2]. Volgens dit systeem gingen jongens (van ongeveer 7 tot 20 jaar) in een āshram wonen, waar ze als brahmachāri leefden en van de guru zowel werelds als spiritueel onderwijs ontvingen. Daarna ging de meerderheid over naar grihasta āshrama (huwelijksleven), terwijl de enkelingen die de onthechting hadden om het huwelijksleven te vermijden, direct tot sannyāsa āshrama (monikkenleven) overgingen. Men trad niet in het huwelijk om in een moeras van verlangens weg te zakken. Het werd gebruikt als een middel om verlangens in bepaalde mate te vervullen, maar ook om je geest door Karmayoga te zuiveren. Daardoor ontwikkelde men de volwassenheid die ontstaat door het inzicht dat blijvend geluk nooit kan komen door je verlangens te vervullen. Nadat de kinderen opgevoed waren en het echtpaar vrij van verantwoordelijkheden was, verlieten ze hun huis om een leven van meditatie in het bos te leiden, vānaprastha āshrama. Wanneer ze er uiteindelijk mentaal op voorbreid waren, verbraken ze zelfs hun band als man en vrouw en begonnen aan sannyāsa āshrama.

Om verschillende redenen is dit systeem bijna volledig gedegenereerd in de afgelopen paar eeuwen. Amma zegt dat het alleen op een mislukking uit zou lopen als we proberen het weer tot

---

[2] De vier levensstadia zijn: studentenleven, gezinsleven, kluizenaarsleven en monnikenleven.

leven te brengen. In plaats van te proberen het verleden opnieuw te creëren, moeten we ons richten op hoe we vooruit kunnen gaan terwijl we onze traditionele waarden zoveel mogelijk bewaren. Met dit doel is Amma's āshram ontstaan: om ruimte te scheppen waar mensen van alle rangen en standen kunnen wonen en de spirituele oefeningen doen die oorspronkelijk in de vier āshrama's werden uitgevoerd.

Het āshramleven is er niet om van onze verantwoordelijkheden weg te rennen. Als we eenmaal voor een bepaalde levensweg gekozen hebben, moeten we die tot het eind blijven volgen. De meeste mensen die als brahmachāri of brahmachārini in Amma's āshram komen wonen, zijn universitaire studenten die nog niet getrouwd zijn. Ze zijn in de twintig en hebben de intentie om hun hele leven aan het spirituele pad te wijden. Ze leggen geen formele geloften af, maar dat is wel hun intentie. Ze gaan in de āshram wonen in plaats van te trouwen. Amma doet vaak de aanbeveling dat degenen die in zo'n leven geïnteresseerd zijn, eerst een jaar of zo in de āshram doorbrengen om te zien hoe ze reageren op de regels en voorschriften. Als ze daarna het gevoel hebben dat ze de benodigde onthechting hebben, kunnen ze zich aansluiten. Sommigen van hen die veel jaren in de āshram gewoond hebben, worden formeel als brahmachāri geïnitieerd en krijgen van Amma zelf gele kledij. De brahmachāri's en brahmachārini's zijn monniken in opleiding. Ze leven volgens strikte gedragsregels, bestuderen de geschriften en zuiveren zich door seva en meditatie.

Naast de brahmachāri's en de brahmachārini's is Amritapuri ook het thuis van honderden gezinnen, zowel uit India als het buitenland, die besloten hebben hier te wonen en hun kinderen groot te brengen. Sommigen van hen hebben een baan buiten de āshram. Anderen zijn in de positie om zich volledig aan de verschillende sevaprojecten en instellingen van de āshram te wijden. Er leven ook veel bejaarde echtparen in de āshram. Dus de

De rol van Amma's āshram

grihastāshrami (getrouwde mensen) en vānaprasthāshrami (teruggetrokken kluizenaars) hebben ook hun plaats in Amritapuri.

Ten slotte zijn er de sannyāsi's, de vroegere brahmachāri's, die volgens Amma's instructie in een leven van totale verzaking zijn geïnitieerd. Zij leven niet langer om zelfzuchtige motieven, maar wijden zich volledig aan het dienen van de wereld. Amma is van mening dat een sannyāsi een gelofte moet afleggen om de wereld onbaatzuchtig te dienen. Hij hoort te begrijpen dat hij niet het lichaam, de geest of het intellect is en daarom moet hij zich in het Ātma vestigen. Toen Amma in 2007 op een bijeenkomst van sannyāsi's sprak[3], gaf ze haar visie op sannyāsa. Ze zei: "Een echte sannyāsi is iemand die tevreden kan blijven, terwijl hij welk werk dan ook doet. Ātma samarpanam (zelfovergave) is het geheim tot geluk. Dit betekent dat een sannyāsi moet kunnen handelen zonder gehechtheid. Deze onthechting is alleen mogelijk door overgave. Een sannyāsi heeft een hart vol mededogen en is bereid zich op te offeren, wat uit zo'n hart voortkomt. Het geluk dat ontstaat door het opofferen van zijn eigen gerief ter wille van anderen maken de handelingen van een sannyāsi uniek en voorbeeldig. Alleen een echte sannyāsi kan een echte verandering in anderen tot stand brengen." Sannyāsa, als mentale toestand, is het hoogste doel van het spirituele leven. Hiernaar streven de mensen van alle andere āshrama's. Het is het hoogtepunt van het menselijk leven.

We kunnen dus zien dat er in Amma's āshram plaats voor iedereen is, zolang men de volwassenheid en onthechting heeft om een simpel leven gewijd aan spirituele vooruitgang te leiden. Dat betekent niet dat alle volgelingen van Amma in de āshram moeten gaan wonen. Het past misschien niet in je huidige situatie.

---

[3] De Sannyāsi Sangha, wat een onderdeel was van de 75[ste] verjaardag van de Shri Nārāyana Guru Dharma Sangha Shivagiri Pelgrimstocht op 24 september 2007 in Shivagiri Math, Varkala, Trivandrum, Kerala, India

Het is een persoonlijke beslissing. Het is belangrijker dat we van ons eigen huis een āshram maken dan dat we naar Amritapuri verhuizen. Leid je leven terwijl je je verantwoordelijkheden tegenover je gezin nakomt en je mentaal zuivert door Amma's onderwijs in de praktijk te brengen. Behandel al je gezinsleden als een belichaming van God, dien hen en houd van hen. Zo'n huis is een echte āshram. Amma zegt: "Een echte grihastāshrami is iemand die van zijn griham (huis) een āshram gemaakt heeft."

Amma benadrukt steeds opnieuw dat mentale afstemming belangrijker is dan fysieke nabijheid. Ze zegt: "Waar liefde is, is geen afstand. De lotus kan miljoenen kilometers van de zon zijn, maar wanneer de zon schijnt, gaan zijn bloembladen toch open. Als je daarentegen vlak naast een zendmast zit en je je radio op de verkeerde frequentie hebt afgestemd, kun je niet van de programma's genieten. De mug vindt in de uier van de koe alleen bloed, nooit melk."

Een van Amma's giften aan ons zijn de duizenden satsanggroepen over de hele wereld. Door deze centra, āshrams en huizen van volgelingen die als ontmoetingsplaats dienen, kunnen we regelmatig tijd doorbrengen met medevolgelingen, bhajans zingen, de goddelijke namen reciteren en aan onbaatzuchtige projecten deelnemen. Dit zal ons helpen om onze inspiratie en ons enthousiasme voor onze spirituele oefeningen te bewaren. Het kan ook een steun zijn in tijden van persoonlijke moeilijkheden en beroering. Maar we mogen niet vergeten dat de satsanggroepen er zijn om ons leven op sat, de Waarheid, te richten en niet op iets anders. Het moeten plaatsen zijn waar we komen voor een onderbreking van het wereldse leven, plaatsen van spirituele groei. Daarom moeten we alle roddel, wereldse praatjes en concurrentie buiten de deur laten.

Verder kan iedereen, en tegenwoordig lijkt het erop dat iedereen het doet, Amritapuri bezoeken. Een paar dagen, weken of maanden in Amma's āshram doorbrengen is een prachtige manier om inspiratie op te doen en je band met Amma te versterken. Kom, blijf een paar weken of maanden, laad je spirituele batterij opnieuw op en neem dan Amma en de āshram met je mee naar huis.

Hoofdstuk 5

Zuivering door karmayoga

*Onbaatzuchtig dienen is de zeep
die onze geest schoonmaakt.*

Amma

Een onzuiverheid is een vreemd element in iets wat verder homogeen is. Zowel op lichamelijk als mentaal niveau kunnen mensen onzuiverheid niet accepteren. Als er vuil op het lichaam komt, gaat je hand daar vanzelf heen en probeer je herhaaldelijk het te verwijderen. Hetzelfde geldt voor het mentale niveau. Mentale onzuiverheid komt hoofdzakelijk in de vorm van verlangens, onze voorkeur en afkeer. In zijn ware, ongerepte toestand is de geest als het heldere, stille oppervlak van een meer, een bijna transparante sluier waardoor de gelukzaligheid van het Zelf duidelijk kan worden ervaren. Verlangens zijn als rotsen die in dit meer worden geworpen. Hoe intenser het verlangen is – hoe groter de rots – des te intenser de mentale verstoring is. Eén manier om aan de verstoring een eind te maken is het verlangen te vervullen. Zo leeft de meerderheid van de mensen. Ze hollen eeuwig achterna wat ze graag willen hebben en ontvluchten wat ze niet willen hebben. Ze begrijpen nooit de echte psychologische motivatie achter hun handelingen, wat eenvoudig vrede ervaren is.

Helaas is het onmogelijk een verlangen blijvend uit te roeien door het te vervullen, zoals Amma ons vertelt. Wanneer we de onzuiverheid van het verlangen verwijderen door het te vervullen, wordt aan het verlangen alleen tijdelijk een eind gemaakt. Vroeg of laat komt het met grotere intensiteit terug en creëert een nog grotere verstoring in onze geest. De cirkel is eindeloos. Amma vergelijkt het verschijnsel met het krabben aan een jeukende wond. Men kan tijdelijk wat verlichting ervaren, maar spoedig komt de jeuk terug, maar nu is die nog erger geworden door de infectie. We kunnen ook zeggen dat verlangen als een dwingeland is die ons altijd onder druk zet om hem geld te geven. Als we toegeven, zal hij morgen terugkomen en meer vragen. Als hij de eerste keer om € 20 vroeg, zal hij de tweede keer € 30 vragen. In plaats van hem te bedaren, moeten we hem wegjagen. Ook de geschriften, zien duidelijk de fout als we proberen blijvende vrede te krijgen door het vervullen van verlangens. Ze zeggen dat we moeten proberen onze verlangens te overstijgen.

Totale overstijging van verlangens komt alleen met moksha (bevrijding), het hoogtepunt van het spirituele leven. Dan begrijpt men met stellige overtuiging: "Ik ben niet het lichaam, de emoties of het intellect, maar het altijd gelukzalige en eeuwige bewustzijn dat het wezen van mijn zijn is." Alleen dit begrip kan verlangens totaal uitroeien. Dit is omdat de primaire oorzaak van verlangens de onwetendheid is van wie we zijn. Omdat we ons met het lichaam identificeren, zijn we bang voor letsel en de dood. Omdat we ons met de prāna (energie) in ons lichaam identificeren, zijn we bang voor ziekte. Omdat we ons met de geest en zijn voorkeur en afkeer identificeren, worden we kwaad wanneer de uiterlijke omstandigheden daarmee niet in overeenstemming zijn. En dit allemaal vanwege de simpele verwarring over wie we zijn. Het lichaam, de emoties en het intellect zijn allemaal beperkt en begrensd. Als we ons daarmee identificeren, spreekt het vanzelf dat wij ons ook beperkt, begrensd en onvolledig voelen. We proberen dan de situatie te corrigeren. Hoe doen we dat? We kijken om ons heen, zien bepaalde dingen die we niet hebben en denken: "Als ik dat nu eens had!" Zo begint de vicieuze cirkel.

Een uitwendig medicijn kan het inwendige letsel niet genezen, hoewel het tijdelijk opluchting kan geven. Totale overstijging kan alleen plaats vinden door juist begrip over onze ware aard. Deze realisatie is een zeer subtiel proces. Daarom kan het niet plaatsvinden in een geest die steeds door verlangens gestoord wordt. Het klinkt als een situatie zonder oplossing, alsof de heiligen en wijzen ons zeggen: "Je kunt verlangens nooit overstijgen zonder een rustige geest." En als we vragen hoe we die vredige geest moeten verkrijgen, zeggen ze ons: "Overstijg je verlangens." Is er nog hoop voor ons? Hier begint de rol van karmayoga. Door karmayoga kunnen we onze voorkeur en afkeer in grote mate overwinnen en zo onze geest beter geschikt maken voor het subtiele proces van Zelfrealisatie. Dit is het uiteindelijke doel van karmayoga. Maar zoals we later zullen zien, is het voordeel van karmayoga niet alleen dat het een springplank is naar Zelfrealisatie. Karmayoga heeft een aantal onmiddellijke verdiensten op zichzelf.

Karmayoga betekent de yoga[1] van activiteit. Het is een methode van handelen met als doel onze eenheid met het Ātma te realiseren. Maar in de Bhagavad Gītā noemt Krishna karmayoga vaak buddhiyoga, de yoga van het intellect, omdat het niet gebaseerd is op een bepaalde handeling, maar op een bepaalde mentale instelling. Iedere handeling, van je hond uitlaten tot de traditionele pūja en het ontwerpen van een brug, is karmayoga wanneer het met de juiste houding gedaan wordt. Omgekeerd is het meest ingewikkelde Vedische ritueel of onbaatzuchtig dienen alleen maar activiteit als het niet gedaan wordt met de karmayogahouding.

Twee leden van de oppositiepartij gingen aan boord van een vliegtuig voor een korte vlucht naar de hoofdstad. De een zat aan

---

[1] Yoga komt van de wortel yuj, verbinden, karma betekent handeling of activiteit.

het raam, de ander in het midden. Vlak voor het vertrek stapte een lid van de regeringspartij in en ging aan het gangpad zitten. Na het vertrek deed hij zijn schoenen uit, bewoog zijn tenen en wilde net comfortabel gaan zitten, toen de man van de oppositiepartij aan het raam zei: "Ik denk dat ik eens opsta om een cola te halen."

"Geen probleem," zei de man van de regeringspartij. "Als dienst aan het land zal ik het voor je halen." Zodra hij weg was, pakte de man van de oppositie snel de rechterschoen van de man en spuwde erin.

Toen het lid van de regeringspartij met de cola terugkwam, zie het andere oppositielid: "Jee, dat ziet er goed uit. Ik denk dat ik er ook een wil." Opnieuw ging het lid van de regeringspartij het beleefd halen in naam van het land. En ja hoor, zodra hij weg was, pakte men zijn andere schoen op en spuwde erin. Toen hij met de cola teruggekomen was, kantelden de drie mannen hun stoel achterover en genoten van de korte vlucht.

Toen de vlucht over was, deed de man van de regeringspartij zijn schoenen weer aan en besefte onmiddellijk wat er was gebeurd. Met een ondertoon van droefheid in zijn stem zei hij: "Hoe lang moet dit nog doorgaan? Dit gevecht tussen onze partijen? Deze haat? Deze vijandigheid? Dit spugen in schoenen en urineren in cola?"

Door deze grap kunnen we zien dat ons begrip van een handeling erg beperkt is, tenzij we bekend zijn met de hele situatie. Op dezelfde manier kunnen we alleen bepalen of een handeling karmayoga is geweest of niet, als we de mentale houding en echte motivatie waarmee de handeling is verricht kennen.

Amma herinnert ons er altijd aan dat resultaten afhankelijk zijn van een netwerk van factoren, waarvan onze handelingen er slechts een zijn. Omdat de karmayogi deze realiteit accepteert, richt hij zijn aandacht op de activiteit en accepteert met gelijkmoedigheid alle resultaten die komen. Krishna adviseert Arjuna om deze houding aan te nemen, wanneer hij zegt:

karmaṇyevādhikāraste mā phaleṣu kadācana |

Doe je plicht, maar eis de resultaten niet op.

Bhagavad Gītā 2, 47

Als we dit onderzoeken, zien we de onweerlegbare logica van deze uitspraak. Daarna is leven in overeenstemming hiermee niet zo zeer een spirituele visie, als wel een kwestie van nuchter verstand. Laten we als voorbeeld een sollicitatiegesprek nemen. We kunnen wekenlang voor het gesprek repeteren, een vriend ons allerlei vragen laten stellen en onze antwoorden aanscherpen. We hebben totale controle over welke kleding we dragen, wat voor kleur stropdas we kiezen. We kunnen onze glimlach in de spiegel oefenen, voor een stevige handdruk oefenen, een paar schoenen van € 300 kopen en voor € 100 ons haar laten knippen. Op het gebied van activiteit kunnen we zoveel mogelijk plannen, denken en berekenen. We hebben daar min of meer volledige controle over. Ook nadat de interviewer zijn vragen gesteld heeft, hebben we nog controle over wat we zeggen, maar zodra we gesproken hebben, hebben we geen controle meer. De activiteit staat nu los van ons en is onderworpen aan de wetten van oorzaak en gevolg zoals die door de universele krachten gedicteerd worden. De interviewer kan in een goed of slecht humeur zijn, afhankelijk van eerdere contacten die hij die dag gehad heeft. Onze antwoorden kunnen positieve of negatieve herinneringen in hem oproepen. Alles is mogelijk. Als we zijn kantoor uitgaan, heeft het geen zin over de resultaten te piekeren, omdat we er geen controle over hebben. Hoeveel zorgen we ons ook maken over hoe onze antwoorden overkwamen, dat zal niets veranderen aan hoe de interviewer ons waarnam.

Als we eenmaal begrijpen dat we controle hebben over handelingen, maar niet over de resultaten, houden we op met piekeren over de resultaten en richten we onze aandacht op perfectie in activiteit. Zo iemand is een karmayogi. Hij gaat betrekkelijk ongestoord door het leven en verblijft vreedzaam in het huidige ogenblik.

Karma-yogahoudingen

Een van de mooie aspecten van karmayoga is dat het in verschillende subtiele variaties kan worden toegepast. Zolang de essentie – doe je best en accepteer de rest – onaangetast blijft, kunnen we het concept veranderen om het aan onze denkrichting aan te passen. Een populaire houding is om God of de guru als de meester te beschouwen en onszelf als de dienaar. Maar om karmayoga te beoefenen hoef je niet in God te geloven. Zelfs een atheïst kan karmayoga beoefenen, mits hij de fundamentele wet van handelen accepteert, namelijk dat we controle hebben over onze handelingen, maar niet over de resultaten ervan. Amma zegt: "Het doet er niet toe of men in God gelooft of niet, zolang men de samenleving juist dient." Zolang onze aandacht door onze houding verschuift van de resultaten naar de handeling zelf, zullen we de voordelen die met karmayoga gepaard gaan, verkrijgen. Binnen deze beperkingen hebben we de vrijheid om ons concept te kiezen.

We zien dat Amma in haar jeugd alle huishoudelijk werk voor Krishna[2] deed. Op die manier verrichtte Amma al haar activiteiten zoals vegen, wassen, koken en voor de koeien zorgen, met een tedere liefde, zorg en devotie. Ik herinner me een incident van

---

[2] Amma zegt dat ze vanaf haar geboorte een volledig begrip van haar ware aard had. Daarom was en blijft haar motivatie achter ieder spirituele oefening, of het nu karmayoga, meditatie of contemplatie is, alleen een demonstratie.

meerdere jaren geleden toen Amma een brahmachāri deze nieuwe houding wilde bijbrengen. Op een dag vertelde de brahmachāri onder de darshan aan Amma de verschillende seva's die hij deed. Omdat Amma hem niet specifiek geïnstrueerd had die allemaal te doen, wilde hij er zeker van zijn dat het seva's waren waarvan Amma inderdaad wilde dat hij ze deed. Amma antwoordde bevestigend en zei toen om het punt duidelijk te maken: "Ik was degene die je gezegd heeft dat je al deze dingen moest doen." Na deze darshan kon hij zien dat al zijn taken direct van Amma zelf kwamen en zo de juiste houding tegenover zijn werk aannemen.

De Bhagavad Gītā benadrukt de karma-yogahouding waarbij we alle handelingen als yajña zien, een offergave aan God als uitdrukking van dankbaarheid voor alles wat Hij ons in het leven gegeven heeft. Als we erover nadenken, heeft God ons zoveel gegeven, maar gewoonlijk vinden we dat allemaal vanzelfsprekend.

Er was eens een man die op iedere betaaldag een bepaalde bedelaar vijf euro gaf. Dit ging verscheidene jaren door. Toen gaf de man de bedelaar op een dag slechts drie euro. Na een paar maanden zei de bedelaar: "Hé, je hebt me jarenlang vijf euro gegeven. Nu is het plotseling drie geworden. Wat is er aan de hand?"

De man antwoordde: "Wel, weet je, ik heb nu een kind. We zitten een beetje krap."

De bedelaar antwoordde meteen fel: "Wil je me vertellen dat je jouw zoon met mijn geld opvoedt?"

Ons lichaam, gezin, huis, onze geest, zintuigen, zelfs het hele universum zijn allemaal giften waarmee God ons gezegd heeft. Als we onze handelingen als yajña's uitvoeren, erkennen we deze waarheid.

Een volgeling vertelde me het volgende voorval dat dit punt illustreert. Hij had onlangs een operatie ondergaan en een week in het ziekenhuis doorgebracht. Toen hij ontslagen werd, keek hij naar zijn gespecificeerde rekening. Een van de kosten, $1.500, was voor zuurstof. Hij zei me: "Swamiji, ik heb nooit beseft dat lucht zo duur was. Ik heb zestig jaar lang, vierentwintig uur per dag ademgehaald, maar God heeft me nog geen rekening gestuurd." Wat hij zei is juist. We leven ons hele leven op deze planeet, maar God stuurt ons nooit een huurrekening. Alle vijf de elementen, ruimte, wind, vuur, water en aarde, behoren alleen God toe. Daarom erkennen we deze realiteit bij deze tweede karmayogahouding en verrichten onze handelingen als een klein blijk van dankbaarheid voor alles wat God ons geeft.

Een yajña is een traditionele vorm van aanbidding waarbij men verschillende offergaven aan de Heer offert door ze in een vuurkuil te gooien of door ze aan de voeten van een beeld of afbeelding te plaatsen. Als de yajña afgelopen is, krijgen we een deel van wat geofferd is als prasād. Door deze houding gaan we al onze handelingen als yajña zien. Als gevolg zien we dan alle resultaten van onze handelingen als Gods prasād. Amma zegt dat echte aanbidding van God niet beperkt is tot zitten in de pūjakamer, waarbij we aan een beeld of afbeelding twintig minuten per dag bloemen aanbieden. Je hele leven moet een aanbidding worden. De aanbidding in de pūjakamer is symbolisch voor hoe je leven hoort te worden. In de pūja is alles in miniatuur. De overal aanwezige, almachtige Heer wordt tot een klein beeldje teruggebracht. Het aanbieden van al onze daden wordt gesymboliseerd door het offeren van bloemen. Een heel leven vol aanbidding wordt gesymboliseerd door een paar minuten lang vol concentratie en devotie te handelen. Amma zegt: "Je hart is de echte tempel. Daar moet je God installeren. Goede gedachten zijn de bloemen die we Hem aanbieden. Goede handelingen zijn de aanbidding. Goede woorden zijn de lofzangen. Liefde is het goddelijke offer."

Als we alles wat we in het leven ontvangen als Gods prasād zien, is er geen ruimte voor spanning, angst of geprikkeldheid met betrekking tot resultaten. Als we alles als Gods prasād kunnen zien, zullen we nooit gedeprimeerd zijn door wat ons in het leven overkomt. We hebben vrede door te accepteren: wat ik gekregen heb was een kostbare gift van God, wat ik nu ontvang is dat ook, en alles wat ik in de toekomst zal ontvangen is dat ook.

Een houding die geschikt is voor intellectueel ingestelde spirituele zoekers is de noodzaak inzien van het overstijgen van voorkeur en afkeer als men Zelfrealisatie wil bereiken. De zoeker die rationeel de logica hierachter accepteert, verschuift zijn aandacht van de resultaten naar de handeling, om zijn geest van verlangens te zuiveren.

Een andere houding die Amma vaak noemt is dat we onszelf niet als degene die handelt beschouwen, maar als het instrument waarmee de handelingen worden verricht. In dit verband zegt Amma: "Als we handelen, moeten we proberen ons als een instrument in de handen van God te zien, zoals een pen in de hand van een schrijver of een penseel in de hand van een schilder. Ons gebed moet zijn: 'O Heer, laat mij een steeds zuiverder instrument in Uw handen worden.'" Een instrument heeft geen eigen meningen of verlangens. Het doet alleen wat degene die het gebruikt wil. Als God ons gebruikt, zal ons enige verlangen zijn om volgens dharma te leven: handelen volgens de voorschriften van de guru en geschriften en vermijden wat zij verbieden.

Wat onze houding ook is, als we oprecht zijn, krijgen we meteen een betrekkelijke hoeveelheid gelijkmoedigheid. Daarom zegt Krishna tegen Arjuna toen hij hem over karmayoga instrueerde: samatvam yoga ucyate[3] – (karma) yoga is gelijkmoedigheid. Dankzij deze houding rent de geest van de karmayogi de voorwerpen van de zintuigen niet meer achterna en vlucht hij er niet voor. Dit brengt hem in een betere positie om het leven duidelijker te zien: om over zijn ervaringen in het leven na te

---

[3] Bhagavad Gītā 2, 48

denken, ze te evalueren en rationeel te analyseren. Als dit gebeurt, zullen bepaalde waarheden vanzelfsprekend voor hem worden. Overal waar hij kijkt, iedere keer dat hij handelt en overal waar hij heen gaat, zullen deze waarheden hem in het oog springen. Deze ervaring zal een radicale en onomkeerbare invloed op zijn denken hebben.

De aard van objecten

En wat zijn dan die naakte waarheden? Op de eerste plaats zullen we inzien dat alles wat we in deze wereld verworven hebben, met pijn gemengd is, zowel bij het verkrijgen, als het handhaven en natuurlijk bij het verliezen. Ten tweede zullen we zien dat alle objecten de mogelijkheid hebben om ons van hen afhankelijk te maken. Ten slotte gaan we begrijpen dat geen enkel voorwerp ons echte tevredenheid schenkt. Dit zijn de drie gebreken als we proberen ons geluk in uiterlijke objecten te vinden.

Om iets te verkrijgen is een bepaalde mate van inspanning nodig. Hoe groter de verworvenheid, des te zwaarder de inspanning. Je wilt bijvoorbeeld de gekozen leider van een land worden. We laten al het werk dat nodig is om eerst kandidaat te worden even buiten beschouwing. Daarna moet je reizen, lezingen geven en met iedereen geduldig en beleefd zijn. In sommige landen moet je debatten houden, handen schudden en zelfs baby's kussen. Je moet ook op ieder woord en iedere handeling letten, want als je maar het kleinste foutje maakt, rijten de pers en de andere kandidaten je aan stukken. Iemand die in de politiek zat, zei me onlangs dat tijdens de campagnes veel kandidaten pillen moeten nemen om het slopende programma bij te houden. Er is dus zeker inspanning en pijn bij het verwerven.

Als je dan het geluk hebt om verkozen te worden, moet je nog scherpzinniger zijn: oorlogen, economische problemen, rellen, het budget... Al je beslissingen worden geanalyseerd en kritisch bekeken en de oppositie is altijd bereid je te beschuldigen. Als je tijdens de verkiezingen geen maagzweer hebt gekregen, zal het gevecht om het ambt te handhaven je er zeker een bezorgen. Er is dus ook pijn bij het handhaven. En als je aan het einde van je termijn ten slotte moet aftreden, wordt je ondanks alle inspanningen depressief. Het hoeft geen ministerschap of presidentschap te zijn. Vaak vinden mensen het moeilijk hun baan los te laten als de tijd voor pensionering komt. Ze missen het gevoel van zinvol bezig zijn dat het werk hun gaf. Er is dus zeker ook pijn bij het loslaten.

De volgende waarheid die ons duidelijk wordt door ons verhoogde niveau van introspectie als gevolg van karmayoga, is dat niets wat we verwerven ons ooit echt gelukkig maakt. Ervaren we niet dat we, zodra we een loonsverhoging krijgen, aan de volgende beginnen te denken? Eerst waren we tevreden met cassettespelers. Daarna kwamen de cd-spelers. Toen mp3-spelers. Daarna iPod, iPod touch, iPhone. Als dit boek uitkomt, zal er zeker weer iets heel anders zijn. Er is niets mis met techniek en wetenschappelijke vooruitgang. Dat is het punt niet. Het punt is dat we altijd denken dat tevredenheid net om de hoek ligt, nadat we onze koffie gehad hebben, opslag, een vrouw, een kind, ons droomhuis, de pensionering... Maar het is een illusie. Geen enkel object kan ons blijvende tevredenheid geven.

Ik heb eens een essay gelezen van een man die een obsessie met auto's te boven gekomen is. Hij vertelde hoe hij na de aankoop van een bepaalde auto die van een nieuwe verflaag voorzag en nauwkeurig met de hand poetste totdat hij glansde. Hij herhaalde toen het proces. Het zag er nog beter uit. Hij deed het opnieuw en zag duidelijk een verbetering. Hij besloot een derde laag aan te brengen, een vierde, een vijfde, een zesde. Na tweeëndertig lagen besefte de man eindelijk dat hij op de verkeerde weg zat. Er kwam geen einde aan. Met iedere verflaag scheen de auto magnifieker in de zon. Hij vroeg zich af: "Als 32 lagen verf er zo goed uitzien, hoe zouden 132 lagen er dan uitzien?" Hij besefte dat hij twee mogelijkheden had: zijn leven aan het najagen van het onmogelijke te wijden of de auto te verkopen.

Het bewustzijn dat door karmayoga mogelijk gemaakt wordt, doet ons de nutteloosheid beseffen van tevredenheid proberen te bereiken door het najagen en verwerven van materiële dingen. Sommigen beseffen dit na twee verflagen, anderen na zevenentwintig. Weer anderen blijven tot hun dood lagen aanbrengen, om de zoektocht in hun volgende leven voort te zetten.

Ten slotte helpt karmayoga ons in te zien dat we gemakkelijk van ieder object afhankelijk kunnen worden, of het nu koffie is, televisie, het internet, mobiele telefoon of pizza's. Het is zoals de uitdrukking zegt: "Eerst bezat ik het, toen bezat het mij."

Een guru gaf zijn leerling onderwijs over de aard van eigenaarschap. Hij zei: "Je kunt wel denken dat je een bepaald voorwerp of persoon bezit, maar tegelijkertijd bezit dat object of die persoon jou ook." In de buurt was een koeienherder die een kalf aan een touw hield. De guru liep erheen en bevrijdde het kalf. Het kalf sloeg meteen op hol. Geschrokken riep de koeienherder achter het kalf aan. De guru zei: "Zie je wel? Wie zit er aan wie vast? De koe was met het touw aan de koeienherder gebonden, maar de herder is door zijn gehechtheid aan de koe gebonden."

Natuurlijk zijn de meest in het oog springende voorbeelden drugs en alcohol. Als mensen beginnen te drinken, kunnen ze ten slotte absoluut niet gelukkig meer zijn zonder drank. Maar zelfs relaties kunnen zo worden. Hoe vaak hebben we iemand na een uiteengaan niet horen zeggen: "Zonder haar kan ik niet leven!"

Als we eenmaal deze inherente gebreken inzien bij het verkrijgen van perfect geluk door de objecten van de wereld, beginnen de objecten natuurlijk hun luister te verliezen. In Vedānta wordt dit inzicht vairāgya genoemd en, zoals we in hoofdstuk drie besproken hebben, is het een essentiële eigenschap voor iemand die Zelfrealisatie hoopt te bereiken. Hoe kunnen we mediteren, de geschriften bestuderen en met contemplatie bezig zijn, als onze geest vol is van de objecten van de wereld? Bovendien zoekt men nooit naar de ware bron van geluk, tenzij men onthechting van de voorwerpen van de wereld heeft. Pas wanneer men genoeg heeft van het tijdelijke, begint men aan de zoektocht naar het eeuwige.

Het ontwaken van deze kennis en het effect ervan op de persoonlijkheid worden prachtig geïllustreerd in een bhajan die Amma geschreven heeft en die *Īshvari Jagadīshvari* heet.

Ik heb gezien dat dit leven van wereldse genoegens vol ellende is.
Laat me niet lijden door me als de motten die in het vuur vallen, te laten zijn.
Wat we vandaag zien, is er morgen niet meer.
O belichaming van Bewustzijn, dit is Uw goddelijk spel.
Dat wat werkelijk bestaat, kent geen vernietiging.
Dat wat vernietiging kent, bestaat niet echt.
Alstublieft, wees zo vriendelijk mij de weg naar bevrijding te wijzen, o Eeuwige!

Voor een spirituele aspirant hoort de vairāgya intens te zijn. Om dit punt duidelijk te maken schreef een dertiende-eeuwse heilige, Sant Jñaneshvar, in zijn commentaar op de Bhagavad Gītā dat we dezelfde onthechting voor zintuiglijke genoegens moeten hebben als we hebben voor het gebruik van een python als kussen, het betreden van de schuilplaats van een tijger of het springen in een pot met gesmolten ijzer. (Dit zijn nog maar zijn mildere voorbeelden.) Het idee is dat men in dit stadium van het spirituele leven zintuiglijke genoegens niet alleen als waardeloos moet zien, maar als dodelijk.

Volgens de geschriften ontstaat echte vairāgya alleen als we wat we geleerd hebben over de gebreken van de zintuiglijke objecten die we ervaren hebben, uit kunnen breiden naar alle zintuiglijke objecten, ook naar degene die we niet ervaren hebben. Men hoeft niet een hele zak chilipepers te eten om te leren dat alle chilipepers heet zijn.

Eens werd er een prins tot koning gekroond. Na zijn kroning stelde hij onmiddellijk zijn getrouwe vriend, die erg intelligent was, als minister aan. De eerste instructie van de koning was om een almanak samen te stellen die de hele bekende geschiedenis analyseerde. De minister ging ogenblikkelijk aan het werk. Tien jaar later kwam hij met vijftig boekdelen terug, die in detail alle bekende gebeurtenissen die sinds de dageraad van de mensheid hadden plaatsgebonden, beschreven en becommentarieerden. De koning was toen in zijn lusthof. De beste musici uit het land brachten hem en de koningin een serenade. Hij wierp een blik op de vijftig delen, huiverde en zei: "Dit is te veel. Kun je alsjeblieft proberen het korter te maken?"

De minister stemde ermee in en vertrok. Tien jaar later kwam hij terug, ditmaal met tien boeken. Maar de koning had het opnieuw erg druk omdat een epidemie het land getroffen had en hij druk doende was de situatie te verhelpen. "Ik heb het erg druk!" zei hij tegen de minister. "En het is nog steeds te lang. Kun je het niet nog kleiner maken?"

Opnieuw stemde de minister ermee in en vertrok. Vijf jaar later kwam hij opnieuw terug. Deze keer had hij slechts één boek bij zich. "Hier is het," zei hij. "Eén deel dat alleen de basisstructuur van de menselijke geschiedenis bevat." Maar er was onlangs een botsing tussen twee groepen onderdanen geweest en de koning was bezig het probleem de kop in te drukken. Hij keek naar het dikke boek en toen naar zijn vriend en zei: "Mijn excuses, maar het nog steeds te veel. Ik heb gewoon geen tijd. Probeer het alsjeblieft nog verder in te korten."

Een jaar later had de minister de taak af. Op de een of andere manier had hij de geschiedenis tot één hoofdstuk teruggebracht. Maar toen hij bij het paleis kwam, zag hij dat de koning zich op een oorlog voorbereidde, omdat een naburig koninkrijk zijn land was binnengevallen. "Geen tijd," zei de koning toen hij in galop wegreed. "Probeer het nog korter te maken."

Een week later ging de minister naar de legerplaats van de koning, een mijl achter de frontlijn. Daar trof hij de koning aan, die op bed lag en aan een dodelijke wond stierf. De minister keek neer naar zijn stervende vriend. Hij was zo zwak en afgemat door het leven. De minister zei: "Het is gelukt, mijn Heer. Ik heb het tot één pagina teruggebracht."

De koning keek op naar zijn minister en zei: "Het spijt me, mijn beste vriend, maar ik kan nu ieder moment de laatste adem uitblazen. Geef me alsjeblieft snel voordat ik sterf, de essentie van alles wat je in deze jaren van studie hebt geleerd."

De minister knikte van ja en zei met een traan in zijn ogen: "De mensen lijden."

De geschiedenis bevestigt deze waarheid. Niemand heeft ooit iets bereikt zonder door de pijn van inspanning te gaan. Geen enkel zintuiglijk object heeft iemand ooit blijvende tevredenheid geschonken. En niemand heeft ooit geluk aan een voorwerp ontleend zonder zich bloot te stellen aan het risico dat hij ervan afhankelijk wordt. Sommigen van ons leren deze lessen snel, voor anderen duurt het levens.

Veel mensen denken dat ze door scholing tevredenheid zullen bereiken en het blijkt niet te werken. Dan streven ze naar tevredenheid door een carrière, en het werkt niet. Dan proberen ze tevredenheid te bereiken in een huwelijk, en dat werkt natuurlijk ook niet. Daarna blijven velen denken dat het alleen is omdat ze de juiste echtgenoot niet gevonden hebben. Daarom trouwen ze een tweede keer, derde keer, vierde keer. Sommigen proberen zelfs verschillende nationaliteiten: een Amerikaanse echtgenoot, Indiase echtgenoot, Duitse echtgenoot, Japanse echtgenoot... De heiligen en wijzen vertellen ons: "Trouw als je dat wilt, maar zoek daar niet naar tevredenheid. Er is niets in de drie werelden dat het je kan geven. Daarvoor moet je je naar binnen keren."

Zoals we kort in het vorige hoofdstuk vermeld hebben is het overwinnen van voorkeur en afkeer geen onderdrukking. De heiligen en wijzen weten dat onderdrukking nooit werkt. Het resulteert uiteindelijk alleen in een instorting. Het overstijgen moet door juist begrip plaatsvinden, wat ook sublimatie genoemd wordt.

Een spirituele beginneling benaderde zijn guru en bekende hem dat hij gedachten over vrouwen had. Iedere keer dat hij ging zitten mediteren, begonnen er visioenen van fotomodellen en filmsterren door zijn hoofd te dansen. Hij was echt radeloos. De guru luisterde stil terwijl de leerling zijn situatie beklaagde, maar hij zei niets. De volgende dag riep de guru de leerling bij zich en overhandigde hem een klein dun voorwerp, verpakt in een krant. Hij zei de leerling dat hij het mee naar zijn kamer moest nemen, openmaken en het voorwerp links naast het middelste beeld op zijn altaartje moest plaatsen. De leerling nam afscheid van de guru en volgde de instructies op. Toen hij het voorwerp uitpakte, zag hij dat het een foto was van een prachtige en verleidelijk kijkende vrouw. Hij was geschokt. Hij rende terug naar de guru en zei: "Wat is dit? Ik open mijn hart en beken u een serieus probleem en als antwoord drijft u de spot met me door deze foto te geven. Wat is dat nou?" Maar de guru antwoordde niet. Hij sloot eenvoudig zijn ogen in meditatie. De leerling was geïrriteerd, maar kwam uiteindelijk tot bedaren. Na een tijdje dacht hij: "Wel, mijn guru is een verlichte meester. Hij zal me niet misleiden. Misschien zit er iets in." Hij plaatste toen de foto naast het middelste beeld op zijn altaartje.

Toen de leerling voor zijn dagelijkse meditaties ging zitten, stonden er twee 'goden' voor hem: de Oneindige Heer en de filmster. Vaker wel dan niet mediteerde hij over de vrouw. Hij stelde zich voor dat hij met haar reisde, grappen met haar maakte, zijn hart met haar deelde en met haar trouwde. Iedere dag was een nieuw avontuur en hij keek steeds meer naar zijn meditaties uit.

Maar op een morgen toen hij met zijn nieuwe bruid in gedachten over het strand liep, werd haar aandacht plotseling afgeleid door een knappe vreemdeling. Spoedig gingen deze twee ervandoor en lieten onze jonge leerling helemaal alleen. Hij probeerde contact met haar op te nemen, maar ze beantwoordde zijn telefoontjes niet. Zijn hart was gebroken en hij voelde zich ellendig. Eindelijk nam ze contact met hem op... met een eis tot echtscheiding. Hij stelde zich de procedures bij de rechtbank voor. Ze nam hem alles af. Ten slotte had hij geen cent meer, was emotioneel gebroken en alleen.

De leerling opende zijn ogen en kwam terug naar de realiteit. Toen hij terugkwam, staarden de twee beelden naast elkaar op zijn altaar terug naar hem. Toen hij de twee beelden naast elkaar zag, begreep hij de perfectie en onbaatzuchtigheid van goddelijke liefde en de zelfzucht van wereldse liefde. Toen hij besefte dat zijn meester, toen hij de foto gaf, niet met hem gespot had maar gehandeld had vanaf het diepste niveau van mededogen, rende hij naar hem toe en knielde aan zijn voeten neer.

De guru wilde niet dat de leerling zijn gedachten over vrouwen onderdrukte. Hij wilde dat hij die oversteeg door de aard van wereldse liefde te begrijpen. Hij liet hem de foto's naast elkaar zetten, wat een vergelijking en uiteindelijk de onthechting van de leerling tot gevolg had.

De leerling in dit verhaal was van een hoog kaliber. Hij kon enkel door contemplatie onthechting ontwikkelen. Hij hoefde niet echt aan zijn verlangens toe te geven. Er zijn er niet zoveel die van dit niveau zijn. Als er verlangens opkomen, moet men proberen ze te ontkrachten met behulp van het onderscheidingsvermogen. Maar als ze ons blijven lastig vallen, moeten we er misschien aan toegeven. Zolang ze in overeenstemming met dharma zijn, is hieraan niets verkeerd. Maar als je toegeeft aan je verlangens, moet je je bewust blijven van de beperkingen van het verlangde object en daardoor de mentale kracht verwerven om ze te transcenderen. Als ons inzicht duidelijk is, zal onze dweperij met het comfort en de genoegens van de wereld vanzelfsprekend tot een einde komen. Amma zegt: "Je baadt je niet voor altijd in een rivier. Je baadt erin om er fris en schoon uit te komen."

In deze trant is er een vers in de Mundaka Upanishad dat zegt:

parīkṣya lokān karma citān
brāhmaṇo nirvedamāyāstyakṛtaḥ kṛtena |

Na alles wat door activiteit verkregen kan worden onderzocht te hebben en de gebreken ervan gezien te hebben, kan men de waarheid begrijpen dat niets eeuwig door activiteit verkregen kan worden; dan zal een wijs iemand activiteit[4] opgeven.

Mundaka Upanishad 1, 2, 12

Dus totdat we duidelijkheid krijgen, geven de heiligen ons het advies de wereld uit te testen. Ga de wereld in en onderzoek de genoegens en gemakken van de wereld. Kijk wat het je te bieden heeft. Ervaar het voor jezelf. Maar als je eenmaal de gebreken ziet in het verkrijgen van geluk door de wereld, begrijp dan dat

---

[4] Hier wordt met activiteit egoïstische activiteit bedoeld, niet onbaatzuchtig handelen om de geest op de spirituele weg te zuiveren.

alles daar dezelfde tekortkomingen heeft. Het is niet nodig om alles te testen. Houd dan dus op met handelen om geluk te verkrijgen en probeer het Zelf, de ware bron van alle gelukzaligheid, te realiseren. Daarna zullen we nog steeds handelen (we moeten blijven eten, nietwaar?) maar we verbreken het verband tussen handelen en geluk. We gaan dan van zelfzuchtig handelen over op onbaatzuchtig handelen.

Voordelen van karmayoga

Onthechting van verworvenheden en van de objecten van de wereld en het aanwakkeren van het vuur om naar het Zelf te streven zijn de primaire doelstellingen van karmayoga. Maar zoals we in de inleiding van dit hoofdstuk vermeld hebben, heeft karmayoga een aantal voordelen op zich. Het is zelfs voor een zogenaamd niet spiritueel persoon voordelig om deze houding aan te nemen.

Het eerste voordeel van karmayoga is dat we daardoor onze activiteit beter uitvoeren. Neem het voorbeeld van het sollicitatiegesprek waarmee we het hoofdstuk begonnen. Omdat de karmayogi begrijpt dat hij alleen controle heeft over de activiteit en niet over de resultaten, is zijn concentratie niet verdeeld. Die is voor 100% op de handeling gericht, in dit geval het luisteren naar, het overdenken en het beantwoorden van de vragen. Natuurlijk scoort iemand met onverdeelde aandacht beter dan iemand van wie de aandacht verdeeld is. Iemand die geen karmayogi is, piekert over wat de interviewer van zijn antwoord op de eerste vraag vindt en kan zich daarom niet goed op de tweede vraag concentreren.

Nergens is deze opvatting beter geaccepteerd dan in de sportwereld. In 2000 schreef een sportpsycholoog, H.A. Dorfman, een boek dat *The Mental ABC's of Pitching: A Handbook for Performance Enhancement* heette. Dit boek is door professionele baseball pitchers gelezen en geprezen. Dorfman schrijft dat men bij het pitchen slechts aan drie dingen moet denken: de pitchselectie en de plaats en de handschoenen van de catcher, die zijn doel zijn[5]. Als hij ervaart dat er andere dingen in zijn geest opkomen, moet hij ophouden en een ogenblik de tijd nemen om zijn hoofd op orde te krijgen voordat hij verdergaat. Ten slotte komt Dorfman tot de conclusie dat een pitcher zijn prestatie niet moet beoordelen naar hoe goed de batters tegenover hem de worpen hebben geraakt, maar naar of hij de worpen heeft gegooid die hij wilde gooien.

Waarom stuntelen mensen bij sport? Omdat ze gericht zijn op de mogelijkheid dat ze verliezen. De meesten van ons kunnen zich een situatie uit onze jeugd herinneren waar we een spel speelden en het laatste, cruciale deel van het spel kwam op ons neer. We raakten in paniek en we verknalden het. Basketbal biedt een zeer goed voorbeeld. Als iemand bij basketbal een overtreding begaat tegenover een speler, krijgt deze vaak de gelegenheid om twee vrije worpen te doen. Voor een professionele basketbalspeler is een vrije worp tamelijk gemakkelijk. Hij mag twee worpen doen vanaf 4½ meter van het doel met niemand om het te verdedigen. De gemiddelde score voor de NBA (National Basketball Association) is 75%. Maar wat gebeurt er in situaties onder hoge druk? Bijvoorbeeld de laatste twee minuten van een spel waarbij geen van beide teams meer dan drie punten voorsprong heeft. De druk wordt dan veel meer gevoeld. Waarom? Het is precies dezelfde worp. Er zou geen verschil moeten zijn. Maar als we toestaan dat de geest zich richt op het belang van de worp in plaats van de worp zelf, zal onze prestatie daaronder lijden. Volgens de statistieken daalt het NBA gemiddelde (2003-2006) met 2,3% in zulke beslissende situaties zoals boven beschreven. Kort gezegd, we presteren beter wanneer we ons op de activiteit richten en niet op de resultaten.

Dit wil niet zeggen dat we geen aandacht aan de resultaten moeten besteden. Als de resultaten bekend zijn, moeten we ze

---

[5] Bij cricket zouden dit de balselectie, lijn en lengte, en het wicketpaaltje zijn.

Zuivering door karmayoga

kalm en logisch analyseren. Gebaseerd op onze evaluatie – wat ging er verkeerd, wat ging er goed, etc. – kunnen we onze activiteit de volgende keer aanpassen.

Een ander voordeel van karmayoga is dat het je helpt van het leven te genieten. We zijn min of meer voortdurend met activiteit bezig. Maar de belangrijkste resultaten van die activiteiten komen slechts af en toe. Als we ons op de activiteit concentreren, kunnen we van de activiteit zelf genieten en de rust en het geluk ervaren van iemand die met zijn werk bezig is. Neem bijvoorbeeld de afwas doen. Als we erop gericht zijn dat de hele afwas droog en schoon terug in de kast staat, ervaren we alleen vreugde wanneer het laatste droge en schone bord weer op de juiste plaats staat. Maar als we ons op de activiteit richten, genieten we tijdens het hele werk. Ik weet zeker dat dit iets is wat we allemaal opgemerkt hebben. Als we gericht zijn op het afmaken van het werk, is het een karwei. Als we ons aan het moment overgeven, wordt het een gelukzalige ervaring, of het nu gaat om het doen van de afwas, het graven van een sloot of het strijken van kleren.

Hierop voortbordurend is het de moeite waard om op te merken dat we om te genieten van de zintuiglijke objecten die het leven ons te bieden heeft, op zijn minst enige controle over onze verlangens moeten ontwikkelen. Anders kan, als we van het ene object proberen te genieten, het verlangen om van een ander object te genieten onze aandacht afleiden en de intensiteit van het genieten bederven. Stel dat je op een bruiloftsfeest bent. Al je favoriete gerechten staan op je te wachten: rijst, sāmbar, dhāl, allerlei lekkere groenteschotels, verschillende soorten pikkels, bananenchips, pudding enz. Je begint te eten en wordt meteen naar het hoogtepunt van zintuiglijk genot gevoerd. Maar plotseling besef je dat je geen kikkererwtencurry meer hebt. Je eet door, maar je aandacht is nu verdeeld. Een deel is gericht op het vinden van de bediende met de kikkererwtencurry. Je geniet nog van het eten, maar niet zo diepgaand als toen je er nog helemaal op gericht was.

Toen ik voor het eerst naar de āshram ging, was er slechts een handvol mensen. We hadden Amma min of meer voor onszelf, behalve als ze darshan gaf. In het licht van de vele duizenden mensen die nu voor Amma's darshan komen is dit erg moeilijk voor te stellen. We konden uren en uren naast Amma zitten en vrij met haar praten zonder dat we ooit rekening hoefden te houden met het verlangen van anderen om dat ook te doen. Ik herinner me dat Amma me eens onder Devi Bhāva bij zich riep. Ze begon over allerlei dingen met me te praten, mijn vragen te beantwoorden en me veel affectie te tonen. Op een gegeven moment legde ze mijn hoofd in haar schoot en liet me zo liggen terwijl ze doorging met darshan geven. Ik denk dat ik meer dan een uur zo lag. Kon er een hogere hemel zijn? Maar er was één probleem: na een half uur, toen een andere brahmachāri tabla begon te spelen, besefte ik dat het mijn beurt was. In die tijd had ik echt een hartstocht voor tabla spelen. Ik was net begonnen met spelen en daarom was ik erg enthousiast. De andere brahmachāri en ik speelden om de beurt. (Er was misschien een ietsepietsie competitie tussen ons.) Met mijn hoofd rustend in Amma's schoot dacht ik: "Wat een arrogante kerel. Hij weet dat het mijn beurt om te spelen is. Hij had hier moeten komen en mij toestemming moeten vragen om mijn beurt over te nemen." Hoewel ik met mijn hoofd in de meest vredige plaats ter wereld lag, was ik in gedachten spoedig gericht op deze brahmachāri en zijn tablaspel. Toen ik naar zijn spel luisterde, stelde ik me voor dat het geluid mijn tablaspel was, maar dan hard op zijn hoofd. Natuurlijk wist Amma wat ik dacht. Zodra de bhajans voorbij waren, vroeg Amma me op te staan en iemand anders bij haar te laten zitten. Door mijn intens verlangen om tabla te spelen, verloor ik zowel de kans om te spelen als de kans om volledig van Amma's aanwezigheid te genieten. Ik kan nu vol vertrouwen zeggen dat niemands tablaspel me jaloers kan maken, maar tegenwoordig is er ook de mogelijkheid niet meer om mijn hoofd een uur lang in Amma's schoot te leggen. Daarom zegt Amma dat de echte hel zich niet op het fysieke niveau bevindt, maar dat het een mentale toestand is. Hetzelfde geldt voor de hemel. Iemand die helemaal gezuiverd is van voorkeur en afkeer kan overal gelukkig zijn, of hij nu in de hel of in de hemel zit. Zo ook kan iemand vol onvervulde verlangens in de hel zitten, ook al bevindt hij zich in de hemel.

In de Gītā is een bekend vers dat nog een voordeel van karmayoga noemt:

nehābhikramanāśo'sti pratyavāyo na vidyate |

In karmayoga wordt nooit moeite verspild, noch is er enig schadelijk effect.

Bhagavad Gītā 2, 40

De idee is dat we niets verliezen, als we falen bij een activiteit die met de karma-yogahouding wordt verricht, omdat we van onze fouten leren en aan mentale zuiverheid winnen. Maar als we falen in activiteiten waarbij onze primaire doel het resultaat is, dan is het verlies totaal. Stel je een schrijver voor die er jaren aan besteedt een boek te schrijven en te bewerken en er dan achter komt dat er niemand in geïnteresseerd is om het uit te geven. Als zijn enige doel was om een beroemde, succesvolle schrijver te worden, is zijn verlies totaal. Hij is totaal gefrustreerd als hij ziet dat al zijn jaren van inspanning voor niets zijn geweest. En door zijn depressie vanwege het falen leert hij niet eens iets. Had hij het boek echter met de karma-yogahouding geschreven, dan had hij erg veel geleerd over schrijven, uitgeven, de menselijke natuur en zichzelf.

Niet alleen komt het verrichten van werk als karmayoga het individu ten goede, het komt ook de samenleving als geheel ten goede. Omdat de karmayogi altijd perfectie in activiteit nastreeft, doet hij het werk altijd naar zijn beste vermogens. Helaas is de overheersende houding op de werkplaats tegenwoordig vaak: "Doe zo min mogelijk, krijg zoveel mogelijk."

Iemand gaf mij eens een lijst met foefjes om erg druk te lijken terwijl men in feite bijna niets uitvoert. Mijn drie favoriete trucs waren: 1. Ruim je werktafel nooit op, omdat een rommelig tafelblad de indruk maakt dat je geen seconde tijd overhebt om aan zoiets onbelangrijks als netheid te besteden. 2. Als je een bril draagt, laat dan een oud paar op je bureau achter, alsof je snel terug zult zijn. 3. Koop een neksteun, kleur die de kleur van je huid en slaap achter je bureau terwijl je rechtop zit.

Mensen die alleen op het salaris gericht zijn, lopen er de kantjes af, slapen de klok rond en raffelen hun werk voortdurend af. Indien mogelijk komen ze te laat, nemen hun lunchpauze te lang en vertrekken een half uur te vroeg. Dit is wat we over het algemeen zien wanneer we op veel kantoren rondkijken.

Door de karma-yogahouding onderscheidde de tsunamihulp van de āshram zich van de hulp die de regering gaf. De āshram was de eerste organisatie in India die tsunamihuizen, gebouwd volgens richtlijnen van de regering, voltooide. Ik herinner me dat Amma eens commentaar gaf op de snelheid van het werk dat de āshram deed: "De brahmachāri's werkten dag en nacht," zei ze. "Amma belde de verantwoordelijke brahmachāri vaak op en vroeg hem hoe het werk ervoor stond. Op welk uur Amma ook belde, hij was aan het werk: middernacht, twee uur 's nachts, vier uur 's nachts. Is het ook zo met betaalde krachten? Nee, die werken slechts acht uur per dag, onderbreken het drie keer om te eten en nog eens twee keer om thee te drinken."

Zuivering door karmayoga

Stel je voor dat onze hele planeet de karma-yogahouding ten aanzien van werken aannam. Stel je een wereld voor waar de mensen niet alleen voor salaris werken, maar dat ze al hun werk ook als aanbidding zien. Wat zou de wereld productief en efficiënt worden.

Zelfs als we buiten beschouwing laten dat karmayoga een cruciale stap is naar het overstijgen van alle lijden door Zelfrealisatie, voorkomt het dat we lijden voordat we Zelfrealisatie bereikt hebben. Om dit te begrijpen kijken we naar een ander vers in de Gītā waar Krishna uitlegt waarom mensen door blijven gaan met zondige activiteiten, hoewel ze begrijpen dat het dwaas is om dat te doen:

kāma eṣa krodha eṣa rajoguṇa samudbhavaḥ |
mahā śano mahā pāpmā viddhyenam iha vairiṇam ||

Het is verlangen en de kwaadheid die uit mentale onrust voortkomen. Weet dat dit onverzadigbaar is, de wortel van alle kwaad en de grootste vijand in deze wereld.

Bhagavad Gītā 3,37

Als verlangens intens genoeg zijn, kunnen ze ons onder druk zetten om op een egoïstische manier te handelen, zelfs als het ten koste gaat van het geluk en de harmonie van onze medemensen. Volgens de wet van karma komen zulke handelingen vroeg of laat naar ons terug in de vorm van negatieve ervaringen. In feite zijn alle ongunstige omstandigheden en pijnlijke situaties die we nu ervaren, het resultaat van egoïstische handelingen in het verleden, in dit leven of daarvoor. Waarom hebben we die egoïstische handelingen verricht? Omdat we onze verlangens niet meer in de hand hadden. Door karmayoga worden onze verlangens op zijn minst beteugeld omdat we de beheersing krijgen om altijd dharma te volgen. Op deze manier slaan we een weg in waarbij we in de toekomst alleen goed karma zullen oogsten.

Uit deze voorbeelden kunnen we opmaken dat het toepassen van de karma-yogahouding ons niet alleen mentaal zuivert en het proces van Zelfrealisatie bevordert, maar ook veel voordelen hier en nu heeft: het doet ons van het leven houden, van het leven leren en meer dan ooit aan het leven teruggeven.

Hoewel al onze activiteiten met de karma-yogahouding verricht kunnen worden (en in het geval van een spirituele zoeker moeten worden), benadrukt Amma dat het belangrijk is deze houding op seva, onbaatzuchtig dienen, toe te passen. Activiteit kan ruwweg in drie categorieën worden ingedeeld: nishkāma, sakāma en nishiddha. Dit zijn onbaatzuchtige handelingen, handelingen die voortkomen uit persoonlijke voorkeur en afkeer en handelingen die verboden zijn omdat ze schadelijk zijn voor onszelf, de samenleving en de natuur. Natuurlijk moeten we ophouden met een handeling, als we eenmaal begrijpen dat die verboden is. Anders zullen we uiteindelijk zeker de negatieve resultaten ervan oogsten. Maar een spiritueel zoeker moet niet alleen afzien van verboden handelingen. Hij moet ook proberen om zelfzuchtige handelingen geleidelijk te verminderen en die door onbaatzuchtige te vervangen.

Voor een beginneling beveelt Amma aan dat we beginnen met dertig minuten per dag te werken voor het welzijn van anderen. Of het nu vrijwilligerswerk is of een deel van ons salaris doneren, dit zal ons op het juiste spoor zetten. Daarna kunnen we geleidelijk proberen de hoeveelheid onbaatzuchtig werk te vergroten. Zo kunnen deze dertig minuten het begin van een geleidelijke transformatie markeren. Veel mensen ontwikkelen uiteindelijk een liefde voor zulk werk en na hun pensionering blijven ze werken voor de ondersteuning van anderen in plaats van alleen de vruchten van een leven van werken te genieten. Onze egoïstische verlangens worden geleidelijk vervangen door het verlangen om ons mentaal te zuiveren of het verlangen om de wereld te helpen. In tegenstelling tot egoïstische verlangens zijn zulke verlangens de middelen tot bevrijding. Op zulke verlangens is voor een zoeker niets tegen. Het zijn juist middelen die gezocht en gecultiveerd moeten worden. Dit zijn de verlangens die ons helpen alle andere verlangens te overwinnen.

Hoofdstuk 6

Onze visie verruimen

We moeten proberen iedereen als God te zien.

Amma

De geschriften spreken over vijf vormen van aanbidding die iedereen als onderdeel van karmayoga zijn leven lang zou moeten verrichten. Ze worden de pañcha mahāyajña's genoemd, de vijf grote vormen van aanbidding. Of we er ons van bewust zijn of niet, door de sociale en spirituele activiteiten die de āshram onderneemt, leidt Amma ons in overeenstemming met deze oude bewustzijnsverruimende tradities. Ze zijn allemaal ideaal voor het toepassen van de karma-yogahouding.

1. De eerste yajña wordt Brahma Yajña (soms Rishi yajña) genoemd). Het is een uitdrukking van dankbaarheid tegenover alle oude wijzen die ons de weg naar vrijheid van verdriet getoond hebben. Dit wordt gedaan door het leren en verbreiden van het onderwijs van onze guru en de geschriften. Amma zegt: "Een manier om onze dankbaarheid jegens mahātma's uit te drukken is door in de praktijk te brengen wat ze ons geleerd hebben en deze kennis aan anderen door te geven." Mahātma's als Amma verlangen onze aanbidding of dankbaarheid niet. Omdat ze met totale vervulling in het Zelf leven, zijn ze volledig zoals ze zijn. Brahma Yajña komt de aanbidder, de samenleving en de gehele schepping ten goede. Degene die de geschriften bestudeert, leert alles over het leven en hoe hij op een harmonieuze manier met

zijn medemensen en de natuur kan leven. Als we wat we geleerd hebben met anderen delen, vervullen we bovendien hun geboorterecht op deze kennis. Als iedereen zijn spirituele kennis mee in het graf nam, zou er geen hoop zijn voor de toekomstige generaties. Als Amma's kinderen nemen we allemaal regelmatig aan deze yajña deel. We luisteren naar Amma's lezingen, lezen haar boeken en proberen haar onderricht in de praktijk te brengen. Hoewel men de instructies van de guru moet afwachten voordat men lezingen in het openbaar gaat geven, kunnen we allemaal met degenen die ernaar vragen, delen hoe Amma ons in ons leven geholpen heeft. Dit is allemaal Brahma Yajña.

2. Deva Yajña is aanbidding van God. Het reciteren van mantra's, meditatie en het zingen van bhajans behoren tot deze yajña. Maar deze yajña is specifiek het aanbidden van God in de vorm van de vijf elementen en de natuurkrachten. Volgens de geschriften zijn alle natuurkrachten en elementen doordrongen van bewustzijn en staan dus onder leiding van specifieke devata's (halfgoden). De gehele schepping wordt als het fysieke lichaam van de Heer gezien en wordt geëerd, gerespecteerd en aanbeden. Amma zei in de toespraak *Mededogen, de enige Weg naar Vrede* die ze in 2007 in Parijs hield: "In de oude tijden was er geen milieubescherming nodig, omdat het beschermen van de natuur een onderdeel was van de aanbidding van God en het leven zelf. De mensen hielden van de natuur en de samenleving en dienden die, veeleer dan dat ze aan 'God' dachten. Ze zagen de Schepper in de schepping. Ze hielden van de natuur en aanbaden en beschermden die als de zichtbare vorm van God." Als we de wind, de regen, de zon en de aarde als manifestaties van God zien, zullen we die vanzelfsprekend respecteren en eren. Niemand die een rivier als Varuna Deva (de god van het water) ziet, kan daar giftig afval in storten.

Al vele jaren vraagt Amma ons tijdens de puja die ze voor Devi Bhāva leidt, om voor wereldvrede te bidden. Ze zegt dat Moeder

Natuur geïrriteerd is en dat alleen de koele bries van Gods genade de zich verzamelende donkere wolken kan verdrijven. Amma zegt dat de natuur verstoord is, omdat de mensen niet in harmonie met de wereld om zich heen leven. Als we naar alle natuurrampen in de wereld kijken, zien we dat ze de directe gevolgen zijn van de menselijke uitbuiting van de natuur. Amma wijst erop dat Moeder Natuur reageert en de mens vernietigt met dezelfde elementen die ons zouden moeten laten gedijen. De wind die ons af hoort te koelen en zaden en regen hoort te verspreiden, komt in plaats daarvan als orkanen en tornado's op ons af. De zon die ons hoort te verwarmen, laat het poolijs smelten. Het water waarin we ons baadden en dat ons voedde, trekt zich uit onze bronnen terug en verplettert ons met tsunamigolven. De aarde die ons allemaal ondersteunt, schudt met aardbevingen.

3. Pitri Yajña is respect betuigen en denken aan je overleden voorouders, zonder wie je niet geboren had kunnen worden. We kunnen deze yajña opvatten als een herinnering om al onze oudere familieleden die nog in leven zijn en alle ouderen te respecteren en te eren. De geschriften zeggen ons:

mātṛdevo bhava | pitṛdevo bhava |

Moge moeder een God voor je zijn,
moge vader een God voor je zijn.

Taittìriya Upanishad 1,11,2

Wat heeft het voor zin om onze overleden grootouters te aanbidden als we daarna onze ouders die nog in leven zijn, uitschelden en onbeleefd behandelen? Amma zegt: "Als we onze dankbaarheid tegenover onze voorouders uitdrukken voor de liefde en zorg die ze ons gegeven hebben, geeft dat onze kinderen een goed voorbeeld. Als onze kinderen zien dat wij onze ouders liefhebben en respecteren, zullen zij op hun beurt ons ook liefhebben en respecteren."

Amma zegt tegen kinderen altijd dat ze hun respect tegenover hun ouders moeten betonen, voordat ze het huis voor een boodschap verlaten. In India betekent dit voor hen buigen en hun voeten aanraken, maar in andere culturen kan het een andere vorm aannemen. Kinderen moeten er een gewoonte van maken om afscheid van hun ouders te nemen voordat ze naar school gaan e.d.

In Amma's scholen is er ieder jaar een dag waarop de moeders bijeenkomen, zodat hun kinderen een pāda pūja (ceremonieel wassen van de voeten) voor hen kunnen verrichten. We mogen de invloed die zulke rituelen op de kinderen (en ouders) hebben, niet onderschatten, omdat het hen helpt het goddelijke in ieder aspect van de schepping te zien. We proberen uiteindelijk te leven met het inzicht dat de hele schepping de belichaming van God is. Waar kunnen we dan beter beginnen dan bij onze ouders, die in ieder geval in een betrekkelijke betekenis onze scheppers en steun zijn? Helaas volgen veel mensen deze traditie thans niet meer. Zodra hun ouders oud worden, sturen ze hen naar het bejaardentehuis en bezoeken hen misschien een keer per maand een uurtje. Het verschilt erg van de Vedische uitspraak dat je hen als God moet zien.

4. De vierde yajña is Bhuta Yajña, wat het zorgen voor planten en dieren inhoudt en hen als goddelijk zien. In dit verband is het de moeite waard te overwegen hoe afhankelijk we zijn van de flora en fauna met wie we de aarde delen. Zonder plantaardig en dierlijk leven zouden de mensen niets te eten hebben. Zelfs het handhaven van zuurstof is alleen mogelijk door de kooldioxide-synthese in het plantenrijk.

Amma spreekt vaak over het milieugevaar dat onze planeet bedreigt. In dit verband legt ze uit hoe kunstmest de bijenpopulatie vernietigt. Ze herinnert iedereen eraan: "Bijen spelen een vitale rol bij het behoud van de natuur en de samenleving. Ze bevruchten de planten die ons van fruit en graan voorzien. Op dezelfde manier profiteert de mensheid van ieder levend schepsel. Alle levende wezens op aarde zijn voor hun overleving van elkaar afhankelijk. Als de machine van een vliegtuig beschadigd is, kan het vliegtuig niet vliegen. Zelfs als slechts een klein belangrijk schroefje kapot is, kan het vliegtuig niet vliegen. Zo speelt ook het kleinste levende wezen een belangrijke rol. Alle levende wezens hebben onze hulp nodig om te overleven. Zij vallen ook onder onze verantwoordelijkheid."

5. Ten slotte hebben we Manushya Yajña, die soms ook Nriu Yajña genoemd wordt. Dit is het eren en respecteren van onze medemensen als een belichaming van God. Een manier waarop deze yajña traditioneel werd verricht was door voedsel en kleding aan te bieden aan onverwachte gasten die naar je huis kwamen, vooral degenen die op een religieuze pelgrimstocht waren en onderdak voor de nacht nodig hadden. In heel India zien we nog steeds een ongeëvenaarde openheid en hartelijkheid tegenover gasten. Het is iets wat veel buitenlanders opmerken als ze het land bezoeken. Met betrekking tot Manushya Yajña is het goed om erover na te denken hoeveel dank we voor alles verschuldigd zijn aan onze medemensen, vanaf het voedsel dat op onze tafel komt tot de elektriciteit die ons huis verlicht en de schoenen die we dragen.

Ik zou zeggen dat Amma van alle vijf yajña's de meeste nadruk legt op Manushya Yajña. Amma zegt: "Het is Amma's wens dat al haar kinderen hun leven wijden aan het verspreiden van liefde en vrede over de hele wereld. Echte devotie voor God is mededogen hebben met de arme en lijdende mensen. Mijn kinderen, geef de hongerige mensen te eten, help de armen, troost hen die verdriet hebben, bemoedig hen die lijden, wees menslievend voor iedereen." Op haar verjaardag zegt Amma altijd dat ze gelukkiger zou zijn als haar volgelingen zich met het dienen van de armen zouden bezig houden in plaats van haar voeten te wassen. En dit is precies wat er gebeurt. Het weeshuis, de ziekenhuizen, huizen voor daklozen, uitkeringen, hulp bij rampen, beurzen voor de armen die de āshram geeft, het zijn allemaal vormen van Manushya Yajña.

Als we zulke yajña's verrichten, is het belangrijk dat we denken aan het onderscheid met alleen maar dienen. Het is het begrip dat we God aanbidden. Ramana Mahārshi schreef in zijn verhandeling *Upadesha Sāram*:

> *jagat īśadhī yukta sevanam |*
> *aṣṭa mūrti bhṛd deva pūjanam ||*
>
> Het dienen van de wereld met de houding dat je de Heer dient is echte aanbidding van God, die de acht vormen hanteert.
>
> Upadesha Sāram 5

De acht vormen zijn de vijf elementen (ruimte, wind, vuur, water en aarde), de zon, de maan en alle levende wezens. Het is dus niet zo dat we onze medemensen, planten en dieren helpen omdat God dat van ons *wil*, maar omdat we begrijpen dat ze God *zijn*. Dit is de betekenis van de uitspraak: *nāra seva, nārāyana seva*, het dienen van de mens is het dienen van God. Dan begrijpen we ook dat de rivieren, dieren en bomen ook manifestaties van God[1] zijn. Onze ouders zijn dat ook. Dit is belangrijk omdat deze houding ervoor zorgt dat onze handelingen niet alleen zuivering van de geest tot stand brengen, maar ook verruiming van de geest:

---

[1] Volgens Ādi Shankarāchārya's commentaar op de Vishnu Sahasranāma roept het woord nārāyana zelf deze waarheid op. Nara betekent Ātma (het Zelf). Daarom betekent volgens de Sanskriet grammatica nāra de effecten van het Ātma, d.w.z. de vijf elementen die het universum vormen. Ayana betekent verblijfplaats. Daarom betekent nārāyana hij wiens verblijfplaats de vijf elementen zijn.

de geleidelijke afbraak van de beperkingen in onze opvattingen over wat de wereld is en wat God is.

Hier is een voorbeeld van hoe dit werkt met betrekking tot Bhūta Yajña, de aanbidding van God door de bescherming van flora en fauna. Op sommige scholen van Amma is men een vorm van Bhūta Yajña begonnen waarbij de leraren ieder kind een jong boompje lieten planten. Ze moeten het een naam geven en het dagelijks aanbidden door het water te geven. Hierover berichten de leraren iets heel moois. Ze zeggen dat veel kinderen, wanneer de vakantie begint, naar hun plant gaan en ertegen zeggen: "Tijdens de vakantie zal ik er niet zijn om je water te geven. Maar wees niet verdrietig. Over twee maanden ben ik terug. Huil niet." Niemand heeft de kinderen gezegd dat ze zo tegen hun boompjes moeten praten. Ze doen het gewoon uit zichzelf. Door hun plant een naam te geven en hem iedere dag water te geven hebben ze er spontaan een relatie mee ontwikkeld. Sommige kinderen hebben zelfs brieven geschreven en die om hun boompje gehangen: "Wanneer je bedroefd bent, lees dan mijn brief." Hun hele leven lang zullen deze kinderen het begrip hebben dat bomen geen voorwerpen zonder bewustzijn zijn, maar dat ze bewust zijn en gevoelens hebben. De visie op de wereld van deze kinderen is verruimd. Uiteindelijk kunnen ze begrijpen dat het hele universum trilt van goddelijk bewustzijn, het universum in henzelf en het universum buiten hen. Als de pañcha mahāyajña's met de juiste instelling worden uitgevoerd, kunnen we daardoor uiteindelijk ons Zelf in anderen zien en anderen in ons Zelf. En in dit inzicht ligt echte transcendentie.s

Hoofdstuk 7

Goddelijke eigenschappen ontwikkelen

> *Kinderen, God heeft ons de noodzakelijke vermogens gegeven om als Hem te worden. Liefde, schoonheid en alle goddelijke eigenschappen bestaan in ons. We moeten gebruik maken van onze vermogens om die goddelijke eigenschappen in ons leven tot uitdrukking te brengen.*
>
> Amma

Iedere religie benadrukt het belang van het ontwikkelen van goede eigenschappen: vriendelijk zijn, de waarheid spreken, niet stelen enzovoorts. Kort gezegd, we moeten de gouden regel volgen: doe tegenover anderen wat jij zou willen dat zij tegenover jou doen. We vinden deze uitdrukking in de een of andere vorm in de heilige boeken van alle wereldreligies terug, inclusief het hindoeïsme. Tijdens het onderricht van Brihaspati aan Yudhishthira in de Mahābhārata zegt de guru van de devata's:

na tat parasya saṁdadhyāt pratikūlaṁ yadātmanaḥ |
eṣa saṁkṣepato dharmaḥ kāmādanya pravartate ||

Men moet een ander nooit aandoen wat men als schadelijk voor zichzelf beschouwt. Dit is in het kort de regel van dharma. Ander gedrag komt voort uit egoïstische verlangens.

Mahābhārata 13, 114, 8

Verfijning van het karakter speelt niet alleen een rol bij het tot stand brengen van sociale harmonie, maar ook bij het tot stand brengen van harmonie in het individu. De geschriften zeggen telkens opnieuw dat zonder verfijning van het karakter een spiritueel zoeker geen hoop op Zelfrealisatie kan hebben.

nāvirato duścaritānnāśānto nāsamāhitaḥ |
nāśantamānaso vā'pi prajñānen ainam āpnuyāt ||

Iemand die niet opgehouden is met slecht gedrag, wiens zintuigen niet onder controle zijn, wiens geest niet geconcentreerd is, wiens geest niet vrij van angst is, kan dit Zelf niet door kennis verkrijgen.

Katha Upanishad 1, 2, 24

De geschriften sommen een bijna ontelbaar aantal eigenschappen op dat ontwikkeld moet worden. Dit komt door de diepgaande verkenning van de menselijke persoonlijkheid, met al zijn subtiele facetten, die de wijzen en heiligen hebben ondernomen. De omvangrijke Sanskriet woordenschat getuigt ervan hoe precies en grondig de grote intellectuelen van het oude India waren. Er zijn dozijnen woorden voor verdriet, die allemaal subtiele variaties van droefheid weergeven. Er worden vele soorten trots beschreven. Vele soorten liefde. De grote intellectuelen uit die tijd verdeelden zelfs de menselijke glimlach in zes verschillende variaties. In het dertiende hoofdstuk van de Bhagavad Gītā somt Shrī Krishna meer dan twintig eigenschappen op die een oprechte zoeker moet ontwikkelen.

In dit hoofdstuk zullen we ons richten op enkele deugden waaraan Amma speciaal belang hecht, namelijk geduld, onschuld, nederigheid, bewustzijn en mededogen. Hoewel deze eigenschappen universeel zijn, zien we dat sommige geschriften en sommige guru's bepaalde eigenschappen meer dan andere benadrukken.

Misschien is dit toe te schrijven aan de behoefte van de tijd of aan een bepaalde instelling van hun volgelingen en leerlingen. Hoe het ook mag zijn, Amma zegt dat het in het begin voldoende is als we ons op de ontwikkeling van slechts één goede eigenschap richten: "Kies één eigenschap en leef die met uiterst vertrouwen en optimisme na. Andere eigenschappen zullen vanzelf volgen."

Om dit punt te illustreren vertelt Amma het verhaal van een vrouw die een prachtige kristallen kroonluchter als eerste prijs in een wedstrijd wint. Ze neemt hem mee naar huis en hangt hem in haar woonkamer op. Als ze van de schoonheid geniet, merkt ze plotseling op dat de verf op de muren in de woonkamer verkleurd is en er vies uitziet in vergelijking met de nieuwe stralende kroonluchter. Ze besluit dan om de muren opnieuw te verven. Als ze daarmee klaar is, kijkt ze de kamer rond en ziet dat de gordijnen vuil zijn. Dit inspireert haar om alle gordijnen eraf te halen en een goede wasbeurt te geven. Daarna ziet ze dat het tapijt totaal versleten is. Ze verwijdert het en vervangt het door een nieuw. Ten slotte ziet de kamer er helemaal nieuw uit. Wat uiteindelijk leidde tot een volledige transformatie van het huis, begon allemaal met slechts één kleine verandering: de nieuwe kroonluchter.

We kunnen deze visie van Amma ook toepassen op lichamelijke verbetering. Laten we het geval nemen van een man die vindt dat hij een slechte conditie heeft en met lichamelijke oefeningen begint. Daarom besluit hij wat opdrukoefeningen te doen. Iedere dag gaat hij op de vloer liggen en doet er zoveel hij kan. Na een maand voelt hij zich echt anders en wanneer hij in de spiegel kijkt, ziet hij hoeveel sterker zijn borst en schouders eruitzien. Maar dan zien zijn armspieren er in vergelijking klein uit. Hij koopt dus wat handgewichten en voegt een stel ronddraaiende bewegingen aan zijn training toe. Daarna wil hij zijn buikspieren verbeteren. Daarom begint hij met buikspieroefeningen. Daarna volgen kniebuigingen om zijn beenspieren te versterken. Een jaar later herkennen we de man zelfs niet meer. Hij is een echte bodybuilder geworden.

Zo'n ontwikkeling komt door een verruiming van het bewustzijn. We ontwikkelen één goede eigenschap en plotseling contrasteert dat met onze slechte eigenschappen. Hoewel we wisten dat de negatieve eigenschappen er waren, kon het ons eerst niet veel schelen, omdat ze ons niet dwongen er vaak naar te kijken. Ze waren duidelijk zichtbaar voor andere mensen, ons gezin, onze vrienden en collega's, maar door gebrek aan bewustzijn waren ze voor ons verborgen.

In de geschriften worden positieve eigenschappen 'daivi sampat', goddelijke[1] eigenschappen, genoemd, terwijl negatieve eigenschappen 'āsuri sampat', duivelse eigenschappen, genoemd worden. In essentie zijn we noch goed noch slecht. We zijn de ondergrond van het bewustzijn waarop zulke dualiteiten zich manifesteren. Maar omdat de geest materie is, zal hij de een of de andere eigenschap aannemen. Waar het geen dag is, kan het alleen nacht zijn. Waar deugd afwezig is, treffen we alleen het tegenovergestelde aan. Als iemand bijvoorbeeld niet meedogend is, wat kan hij dan anders zijn dan onverschillig? Als iemand niet nederig is, zal hij egoïstisch zijn. Als iemand niet geduldig is, moet hij ongeduldig zijn. De kwaliteit van onze geest hebben we in de hand. We kunnen de geest achteruit laten gaan tot op duivels niveau of we kunnen hem verfijnen totdat hij schijnt met hemelse eigenschappen.

Dit inzicht wordt weerspiegeld in de oude legenden van India waar een wijze met de naam Kashyapa twee vrouwen had, Aditi en Diti. Aditi schonk het leven aan adaitya's (goden) en Diti schonk het leven aan daitya's (demonen). Deze allegorie symboliseert

---

[1] Ze zijn goddelijk omdat we door de ontwikkeling ervan naar de realisatie van onze goddelijke aard groeien.

hoe een individu tot goed of kwaad in staat is, afhankelijk van zijn geest.

Als iemand een goddelijke of duivelse eigenschap niet uitdrukt, betekent dat niet dat die niet in zijn geest bestaat. Een deel van het spectrum bestaat zeker in zijn onbewuste en dat zal zich manifesteren als de juiste gelegenheid zich voordoet. Een koning die op zijn wenken bediend wordt, heeft niet vaak de gelegenheid om geduld of ongeduld uit te drukken, maar laat hem een tijdje op het eten wachten en dan zien we wat er naar de oppervlakte komt. Zo heeft een monnik die alleen in een grot woont, niet veel gelegenheid om mededogen of onverschilligheid uit te drukken, maar toch domineert een van die twee eigenschappen in hem.

Een mahātma drukt natuurlijk alleen goddelijke eigenschappen uit, want hij heeft alle egoïstische voorkeur en afkeer overstegen en handelt terwijl hij iedereen als een uitbreiding van zijn eigen Zelf ziet. Bovendien zal hij de regels van dharma volgen om voor anderen een voorbeeld te stellen. Hoe een gewoon iemand handelt hangt af van de balans tussen zijn gehechtheid aan zijn voorkeur en afkeer enerzijds en zijn gehechtheid aan dharma anderzijds. Het lijkt op een weegschaal met gehechtheid aan voorkeur en afkeer aan de ene kant en gehechtheid aan dharma aan de andere kant. Als de eerste sterker is, zullen we ons als een duivel gedragen, als de laatste sterker is, als een god. Als iemand op een eenzame plaats gaat mediteren, voordat hij zijn voorkeur en afkeer overwonnen heeft, kan hij door gebrek aan stimuli die de uiterlijke symptomen oproepen, denken dat hij ze getranscendeerd heeft. Pas wanneer we bewust gemaakt worden van onze negatieve eigenschappen, kunnen we ons in gaan spannen om ze in positieve eigenschappen te veranderen.

Iemand heeft me verteld dat er in de kindertekenfilm *Finding Nemo* een goede demonstratie van dit principe is. In de film is een groep haaien die besloten heeft om geen vis meer te eten. Ze hebben zelfs een groep gevormd die 'Anonieme Viseters' heet. Op hun bijeenkomsten herinneren ze elkaar er telkens opnieuw aan dat vissen vrienden zijn en geen voedsel. De leider van de groep is een enorm grote witte haai, die trots verkondigt dat hij drie weken geleden voor het laatst vis gegeten heeft. Alles lijkt goed te gaan met de haaien totdat een vis die in de buurt zwemt, zich verwondt en er een klein druppeltje bloed langzaam in de richting van de neus van de haaienleider stroomt. Zodra hij bloed ruikt, komt zijn vis-vāsana natuurlijk naar boven en plotseling is hij niet meer te houden. Hij wordt als een echte bezetene, die de vis in de hele oceaan najaagt in een poging die te verslinden.

Met dit voorbeeld wil ik niet zeggen dat we verleidelijke objecten voor ons moeten laten bengelen, maar we kunnen ons ook niet eeuwig voor hen verbergen. In het begin van het spirituele leven is het belangrijk dama te beoefenen en de aanwezigheid van verleidelijke dingen te vermijden. Maar uiteindelijk moeten we sterk genoeg worden om de behoefte aan zo'n isolatie te overstijgen. Amma zegt: "Een plant moet door een hekje beschermd worden totdat hij groot geworden is. Daarna is er geen probleem meer." Alleen wanneer we oog in oog met een object kunnen staan zonder dat we zelfs een greintje verlangen ernaar voelen, kunnen we zeggen dat de vāsana echt uitgeroeid is.

Duivelse eigenschappen manifesteren zich wanneer we ons identificeren met iets wat beperkt is, bijvoorbeeld het lichaam of de geest. Goddelijke eigenschappen ontstaan wanneer we ons identificeren met iets wat onbegrensd is, bewustzijn. Hoe meer we dus met onze geest en ons lichaam geïdentificeerd zijn, des te duivelser onze aard is. Hoe meer we met het Zelf geïdentificeerd zijn, des te goddelijker. De uiteindelijke natuur van het Zelf is voorbij alle dualistische begrippen als goed en kwaad, maar om deze werkelijkheid te realiseren moeten we onze geest eerst zuiveren door de ontwikkeling van goddelijke eigenschappen. Op deze manier wordt juist en goed gedrag als een springplank die de overgang van egoïsme naar onbaatzuchtigheid mogelijk maakt. Laten we nu eens kijken naar de goddelijke eigenschappen waaraan Amma het meeste belang hecht en enkele manieren onderzoeken waarop we die kunnen ontwikkelen. Dat Amma deze eigenschappen benadrukt, betekent niet dat ze andere goddelijke eigenschappen onbelangrijk vindt en dat we die kunnen verwaarlozen.

Geduld

Amma zegt dat geduld een eigenschap is die van het begin tot het einde in het spirituele leven nodig is. "Het spirituele leven is alleen mogelijk voor iemand met veel geduld," zegt Amma. "Anders is alleen teleurstelling het gevolg." In deze moderne tijd wil iedereen het resultaat van zijn handelingen zonder enig uitstel, onmiddellijk. Vandaag de dag bevat bijna alle reclame het woord onmiddellijk: onmiddellijke leningen, onmiddellijke berichtgeving (instant messaging), onmiddellijke saldo-overzichten, onmiddellijke resultaten... De mensen hebben het zelfs over onmiddellijke verlichting. Amma zegt dat de behoefte aan snelheid een ziekte wordt. Om iets te ontwikkelen wat waarde heeft is er altijd tijd nodig. We zien dit zelfs bij de groenten die nu geproduceerd worden. Door nieuwe landbouwtechnieken hebben landbouwwetenschappers de tijd tussen zaaien en oogsten kunnen verminderen, maar die groenten hebben minder voedingswaarde.

Ik heb een grap gehoord. Een man bidt tot God: "Alstublieft God, geef mij verlichting. Nu meteen!" Helaas werkt het zo niet. Op veel manieren lijkt spirituele groei op het opengaan van een bloem. Het is een geleidelijk proces waarvoor zorg en geduld nodig zijn. Je kunt het zaadje niet openbreken en de kiem eruit trekken. Je kunt de bloemblaadjes niet forceren open te gaan. Helaas eisen de mensen in de moderne tijd spirituele vooruitgang zo snel mogelijk. Amma zegt: "Dit is als een moeder die tegen haar baby zegt: 'Ik wil dat je nu meteen volwassen wordt. Waarom moet je zo lang kind blijven? Schiet op! Ik heb geen tijd om te wachten.' Wat zou je over zo'n moeder zeggen behalve dat ze helemaal gek of gestoord is? Mensen verwachten dat er een wonder gebeurt. Ze hebben geen geduld om te wachten of zich in te spannen. Ze begrijpen niet dat het echte wonder bestaat uit het opengaan van hun hart in de ene hoogste waarheid. Het innerlijk tot bloei komen is altijd langzaam en gestaag."

Als we geen geduld hebben, kunnen we nooit hopen op vooruitgang in het spirituele leven. Tientallen jaren hebben we de geest laten doen waar hij zin in had. Nu proberen we plotseling controle uit te oefenen. We hebben voor materiële resultaten geleefd, nu proberen we voorbij deze kortzichtigheid te gaan. We proberen negativiteit door positieve waarden te vervangen, haat door liefde, onverschilligheid door mededogen. Bij de meesten van ons zijn de vāsana's diep geworteld en om ze te verwijderen is toewijding en oprechtheid nodig. Voordat we het hoogtepunt van het spirituele leven bereiken, moeten we onze manier van denken over onszelf, over de wereld en zelfs over God radicaal omdraaien. Dit is niet iets wat van de ene op de andere dag plaats kan vinden.

Onschuld

Misschien spreekt Amma meer over het belang van onschuld dan over enige andere eigenschap. De diepste betekenis van wat Amma met onschuld bedoelt is het resultaat van Zelfkennis: een altijd fris en gelukzalig perspectief op alles wat men waarneemt. Maar op een meer gangbaar niveau gebruikt Amma het woord onschuld als de ontwikkeling van kinderlijk vertrouwen en ontvankelijkheid, de houding van een beginneling. Zonder deze eigenschappen kan men nooit groeien. Zonder vertrouwen in onze guru en de geschriften kunnen we zelfs niet aan de spirituele weg beginnen. Zonder ontvankelijkheid verwerpen we alles wat niet in ons huidig perspectief past. En zonder de houding van een beginneling zullen we snel gefrustreerd raken en opgeven. Deze eigenschappen helpen ons het leven door de ogen van een kind te zien, met verbazing en blijheid. Dit zal zowel ons leven als dat van anderen verrijken.

Amma zegt: "Als we altijd de houding van een beginneling hebben, zal iedere situatie voor ons een gelegenheid zijn om te leren. Een beginneling is altijd onwetend en hij weet dat hij niets weet. Daarom luistert hij intens. Hij is open en ontvankelijk. Als je eenmaal denkt dat je het weet, luister je niet meer. Je praat alleen nog maar. Je geest zit al vol."

Een beginneling zijn betekent niet dat we geen vooruitgang maken of dat we voortdurend alles wat we geleerd hebben vergeten. Het betekent totale openheid bewaren, oplettendheid en ontvankelijkheid. Amma zegt dat dit de enige manier is om kennis en wijsheid echt in je op te nemen.

In zijn onschuld is een kind altijd bereid te vergeven en vergeten. Hij denkt er zelfs niet over als vergeving. Het gaat vanzelf. Maar wij zijn het tegenovergestelde. We klampen ons jaren lang, zelfs levens lang, aan onze wrok en minachting vast. Amma zegt dat sommige mensen zelfs bidden dat ze in een volgend leven terug kunnen komen om verder wraak te nemen op mensen die hen onjuist behandeld hebben. Kinderen daarentegen kunnen het ene moment kwaad op elkaar zijn en het volgend moment weer blij samen spelen. Amma zegt dat we zo'n soort geest moeten ontwikkelen, een geest die in staat is om te vergeven en vergeten.

Als we onschuldig zijn, zijn we open en ontvankelijk en vol vertrouwen. Als je een kind vertelt dat hij een koning met magische krachten is, zal hij het onmiddellijk accepteren. In het spirituele leven vertelt de guru ons allerlei dingen over onze ware aard en de ware aard van de wereld om ons heen. Veel hiervan is moeilijk te accepteren voor ons en op die momenten zouden we zeker veel voordeel hebben van de kinderlijke instelling die we in onze jeugd hadden.

Er is een incident dat vele jaren geleden plaatsvond en dit punt duidelijk illustreert. 's Nachts lag een āshrambewoner laat wakker op bed en dacht aan Amma. Plotseling zag hij een mug die in de richting van zijn voorhoofd vloog. Omdat hij geloofde dat het Amma was die hem in de vorm van een mug kwam zegenen, stond hij toe dat de mug hem stak. Hij zorgde ervoor dat hij zich niet bewoog of de mug stoorde terwijl die zijn bloed opzoog. De mug liet uiteindelijk een bult achter waar hij hem gebeten had, precies op de plaats van het derde oog. Toen iemand Amma de volgende dag over de 'darshan' van deze āshrambewoner vertelde, riep ze hem bij zich om zijn bult te controleren. Toen ze die zag, lachte ze uitgelaten en hield hem liefdevol vast. Als Amma dit verhaal vertelt, lacht ze er nog steeds om, maar voegt er altijd aan toe: "Zo'n onschuld mag nooit verloren gaan."

We kunnen er ook om lachen en denken: "Mijn God, Amma in de vorm van een mug? Ik moet even bijkomen. Wat een onbenul!" Maar de geschriften zeggen ons dat de vijf elementen die deze gehele fysieke wereld vormen, goddelijk in essentie zijn. Een echte Vedāntin moet deze waarheid begrijpen en zelfs een mug als goddelijke in essentie accepteren. (Dit betekent niet dat hij hem niet weg kan jagen.) Dus een beetje van dit soort onschuld zou niet zo slecht zijn.

Nederigheid

Het uitroeien van het ego vindt op twee niveaus plaats. Op subtiel niveau betekent het dat we de opvatting vernietigen dat we een afzonderlijke individualiteit hebben. Op grof niveau betekent het dat we gevoelens van superioriteit[2] uitroeien. Een sterk grof ego is een duidelijk teken dat men een sterk subtiel ego heeft. Verwijdering van het grove ego is het doel van het spirituele leven. Dit komt alleen als we de kennis assimileren dat we niet het lichaam, de emoties en het intellect zijn, maar bewustzijn, dat alomtegenwoordig en eeuwig is. Om dit begrip te bereiken moeten we eerst ons grove ego verwijderen, in ieder geval in bepaalde mate. Daarom benadrukt Amma het belang van het ontwikkelen van nederigheid. Zonder nederigheid kunnen we nooit voor de guru buigen en accepteren dat onze begrippen over de werkelijkheid foutief zijn. Waar er zeer veel ego is, kan men zelfs geen bezem oppakken om guru seva te doen. Amma zegt: "Er is een enorme boom latent aanwezig in het zaadje, maar alleen als het zaadje in de grond begraven wordt, zal de boom tevoorschijn komen. Als het zaadje egoïstisch denkt 'Waarom zou ik voor deze vieze aarde buigen?' kan zijn ware aard zich niet manifesteren en zal het voedsel voor ratten of eekhoorns worden. Zo ook, alleen als we nederigheid cultiveren en ontwikkelen, kunnen we de Hoogste Waarheid realiseren, die onze ware aard is."

Helaas worden sommige spirituele aspiranten het slachtoffer van trots. Omdat ze zich volledig identificeren met hun denken en hun intellectueel begrip van spiritualiteit, ontwikkelen ze subtiele, en soms niet zo subtiele, gevoelens van superioriteit. In Sādhana Pañcakam waarschuwt Ādi Shankarāchārya zoekers voor deze valkuil. Hij zegt: *aharahargarvaha parityajyatām* – "Moge de arrogantie van de kennis steeds door u verzaakt worden."

Nederigheid is een natuurlijke uitdrukking van spiritueel begrip. Als we echt begrijpen dat de wereld en iedereen daarin goddelijk zijn, hoe kunnen we dan meerderwaardigheidsgevoelens koesteren? Als we begrijpen dat we zonder de vijf elementen

---

[2] Hier dient opgemerkt te worden dat minderwaardigheidsgevoelens even goed een spirituele hindernis zijn als meerderwaardigheidsgevoelens.

niet kunnen eten, drinken of ademen, hoe kunnen we dan niet nederig zijn? Als zulke trots komt, moeten we die vernietigen door na te denken. We moeten denken: "Alle kennis die ik bezit, komt alleen van mijn guru. Hoe kan ik die opeisen? Ik kan zelfs niet de verantwoordelijkheid opeisen voor mijn geest en de mogelijkheid ervan om te herinneren en te denken."

Er was eens een guru die twee broers als leerling had aangenomen. Op een morgen ging de jongere broer naar de guru toe en zei: "Ik weet dat u denkt dat mijn oudere broer een betere leerling is dan ik. Maar wat is er zo geweldig aan hem? Ik kan alles wat hij kan."

De guru vroeg de leerling om zijn broer te gaan halen. Spoedig kwam hij terug met zijn oudere broer. De guru zei: "Jullie gaan allebei op pad en moeten de voeten wassen van tien mensen die minderwaardig aan jullie zijn. We zullen zien wie het eerst terugkomt."

Beide broers bogen voor hun meester en begonnen onmiddellijk aan hun taak. Nauwelijks een uur later kwam de jongere broer terug. "Het is klaar," zei hij. De guru glimlachte meedogend.

Pas na de schemering kwam de oudere broer terug. Hij zei niets. Hij knielde eenvoudig aan de voeten van de guru.

"En?" vroeg de guru.

"Het spijt me guruji," zei hij. "Met de beste wil van de wereld, ik kon niemand vinden die minderwaardig aan mij was."

De guru keek naar de jongere broer en zei: "Het is deze nederigheid die hem superieur maakt."

Alertheid

Amma zegt dat een spiritueel zoeker iedere handeling met alertheid moet verrichten. Op deze manier worden al zijn handelingen een vorm van meditatie. Als we het ontwikkelen van onze mentale aandacht echt serieus nemen, dan moeten we op een manier leven die al onze zogenaamd alledaagse handelingen transformeert tot middelen van mentale zuivering. In een Upanishad wordt het spirituele pad zelfs vergeleken met het lopen op het scherp van de snede. Dit is omdat je niet alleen je geest moet aanscherpen totdat hij de scherpte van een scheermes heeft, maar die vlijmscherpe geest ook moet gebruiken om voortdurend onderscheid te maken tussen realiteit en niet realiteit. Amma zegt dat we, als we geen alertheid ontwikkelen met betrekking tot eenvoudige handelingen, nooit kunnen hopen alert te zijn met betrekking tot onze gedachten.

Ik herinner me een grappig incident met een brahmachāri die als seva het corrigeren van een āshrampublicatie had. Toen de publicatie uitkwam, was er een vreselijke fout in een citaat van Amma. Wat het citaat hoorde te zeggen was Amma's vaak gehoorde uitspraak: "Wat we missen is niet boekenkennis, maar bewustzijn." Wat de gedrukte publicatie Amma liet zeggen was: "Wat we missen is niet bewustzijn, maar boekenkennis." Wat een zin om te verknallen. Zijn correcties, of het gebrek eraan, illustreerden Amma's punt. Het was niet zo dat hij niet op de hoogte was van Amma's onderwijs. Hij had Amma deze zin zeker vele malen eerder horen zeggen. Maar hij had niet het bewustzijn om het op te merken toen het verkeerd getypt was. Nadat het boek gedrukt was en de fout opgemerkt was, had de brahmachāri een leuke tijd met het drukken van kleine strookjes papier met de juiste zin erop en die over de onjuiste zin te plakken. Het was zeker een les die hij nooit zal vergeten.

Mededogen

Amma zegt dat mededogen liefde is die in handelen wordt uitgedrukt. Echte liefde is het gevoel dat voortkomt uit de ervaring van eenheid. Als iemand van wie we houden lijdt, voelen we zijn pijn als de onze en doen we al het mogelijke om die te verlichten.

In feite is dit de letterlijke betekenis van compassie, dat afgeleid is van het Latijnse com (samen) en patior (lijden). Terwijl ónze liefde beperkt is en ook slechts gereserveerd voor een paar mensen, ziet een mahātma als Amma haar eenheid met de hele schepping. Daarom helpt en dient ze de arme en lijdende mensen. Haar handelingen zijn groots, door de grootsheid van haar geest. Haar mededogen heeft geen grenzen, omdat haar begrip van het Zelf geen grenzen kent. Amma zegt dat we eerst moeten proberen ons hart te openen en de pijn van anderen te voelen, als we ons besef van het Zelf willen verruimen. Besteed wat tijd aan het denken aan hen en hun verdriet. Dien hen verder onbaatzuchtig door te proberen hen uit hun benarde situatie te halen. De visie van een mahātma is allesomvattend en daarom volgen anderen zijn voorbeeld. Voor ons kan het de omgekeerde techniek zijn: laten we eerst onze handelingen verruimen en dan zal onze geest zich ook langzaam verruimen.

Het spreekt vanzelf dat Amma's hele leven een les in mededogen is. Meedogende handelingen brengen mededogen voort. Amrita Niketan, Amma's weeshuis in Paripally in Kerala, is hiervan een mooi voorbeeld. De vijfhonderd wezen eten drie keer per dag samen. Nadat ieder kind zijn eten gekregen heeft, reciteren ze het vijftiende hoofdstuk van de Bhagavad Gītā en bieden dan twee rijstballen[3] aan. De eerste is voor Amma. De tweede wordt aan alle hongerlijdende kinderen op aarde aangeboden. Wanneer de kinderen hun ogen sluiten en voor hun medekinderen bidden, zie je zo'n oprechtheid op hun gezicht. Ze bidden echt met heel hun hart. Vaak zie je tranen over hun wangen lopen. Amma zegt dat we allemaal tijd moeten besteden aan het nadenken over het lijden van anderen. Dit zal ons hart openen en op zijn beurt in onze handelingen tot uitdrukking komen.

---

[3] De rijstballen worden aan het eind van de maaltijd als prasād gegeten.

Ontwikkelingsmethoden

We kunnen gemakkelijk dozijnen goede eigenschappen opschrijven die we zouden willen hebben. Maar hoe moeten we die goede eigenschappen laten groeien zodat ze tot volle bloei komen? De gemakkelijkste methode is satsang, tijd doorbrengen bij mensen die die eigenschappen bezitten. Zoals we in hoofdstuk twee al besproken hebben, zullen we ons meer in overeenstemming met dharma gedragen, naarmate we meer omgaan met mensen die in overeenstemming met dharma leven. Omgekeerd zullen we ons meer in strijd met dharma gedragen, naarmate we meer omgaan met mensen die in strijd met dharma leven. Veel westerlingen die in Amritapuri gaan wonen, ontwikkelen uiteindelijk een licht Indiaas accent. Waarom? Dat komt door de omgang. Op dezelfde manier komt het ons ten goede als we goed gezelschap uitzoeken, omdat we sommige van hun goede eigenschappen in ons opnemen. Als we slecht gezelschap kiezen, kan dat ons gemakkelijk ten val brengen. Zelfs als onze toegang tot mensen die in overeenstemming met dharma leven, beperkt is, kunnen we altijd over hen lezen in spirituele biografieën. Dat is ook satsang.

Iets anders wat we kunnen doen is een gelofte afleggen. Als geduld echt een probleem voor ons is, kunnen we plechtig een gelofte afleggen dat we ons geduld niet zullen verliezen. Daarna moeten we extra voorzichtig zijn wanneer we in veeleisende, irriterende of frustrerende omstandigheden terechtkomen.

Er is een āshrambewoner die problemen met kwaadheid had. Niet alleen werd hij vaak kwaad, hij verloor ook vaak zijn zelfbeheersing en gaf mensen ervan langs in een giftige taal. Na een dergelijk voorval zei Amma hem dat hij een dagboek moest gaan bijhouden. Iedere avond voordat hij naar bed ging, moest hij over de dag nadenken en alle keren opschrijven dat hij uitgevallen was. Amma zei hem ook dat hij iedere keer op moest schrijven dat

Goddelijke eigenschappen ontwikkelen

hij iemand gelukkig gemaakt had. Ze zei dat hij op deze manier als een zakenman zou zijn die 's avonds zijn boeken doorkeek en nadacht over zijn inkomsten en verliezen. Geleidelijk kreeg hij bewustzijn met betrekking tot zijn handelingen. Dit is nu meerdere jaren geleden. En inderdaad, nu is de āshrambewoner veel vriendelijker en zachtaardiger dan hij was, een echte transformatie. We kunnen deze dagboektechniek allemaal gebruiken. Kies gewoon een eigenschap uit en begin. Als we iedere avond schrijven, kunnen we ook doen alsof we direct aan Amma schrijven. Dit zal onze band met Amma verdiepen.

Als we een gelofte afleggen, is het het beste om specifiek te zijn. Richt je op een of twee negatieve eigenschappen om mee te beginnen. Anders voelen we ons misschien overdonderd. Het is beter om ons een specifiek doel te stellen. Naarmate we vertrouwen krijgen, kunnen we het uitbreiden.

Als we een bepaalde waarde of goede eigenschap willen ontwikkelen, moeten we ook nadenken over de voordelen van die eigenschapen en de nadelen van het negatieve tegenovergestelde. Hoe duidelijker we het verband voor ogen hebben tussen de waarde en de voordelen ervan, des te waarschijnlijker is het dat we in overeenstemming ermee handelen. Op dezelfde wijze zullen we gemakkelijker negatieve eigenschappen opgeven, naarmate we duidelijker de nadelen ervan kennen.

Ik herinner me dat een vrouw Amma eens vroeg haar te helpen om van haar verslaving aan koffie af te komen. Amma vroeg haar onmiddellijk: "Waarom wil je ophouden met koffie drinken?" De vrouw had geen duidelijk antwoord. Amma's punt leek te zijn: tenzij je weet waarom je wilt veranderen, zal verandering nooit plaatsvinden. Er zijn veel redenen om koffie op te geven: het veroorzaakt zenuwachtigheid, geeft hoofdpijn wanneer we het niet drinken, het veroorzaakt slapeloosheid, gezondheidsproblemen, prikkelbaarheid enzovoorts. Als we een negatieve gewoonte willen overwinnen, moet de reden ons duidelijk zijn. Als we daarover geen duidelijke ideeën hebben, kunnen we niet duidelijk handelen. Als spirituele zoekers moeten we erover nadenken hoe het ontwikkelen van een wenselijke eigenschap ons dichter bij Zelfrealisatie zal brengen. Omgekeerd moeten we nadenken hoe het negatieve tegendeel het bereiken van het doel belemmert. We moeten een gevoel voor waarden ontwikkelen. Dit gebeurt alleen als we nadenken over het belang van de eigenschappen. Dit is iets wat we in de stilte van onze meditatie kunnen doen, maar ook op ieder moment van de dag. We kunnen het zelfs doen wanneer de negatieve neiging die we willen overwinnen, de kop opsteekt. Maar als we het alleen op die momenten doen, ontdekken we misschien dat we niet voldoende kracht hebben om weerstand te bieden. Zoals met alles in het leven moeten we oefenen.

Hoofdstuk 8

Het verfijnen van de geest

Wat voor vorm van meditatie we ook doen, of we ons op het hart concentreren of tussen de wenkbrauwen, het doel is hetzelfde: concentratie op één punt.

Amma

Bij de meeste mensen die aan spiritualiteit denken, komt als eerste meditatie in hen op. Helaas is meditatie een van de meest verkeerd begrepen aspecten van het spirituele leven. Wat is meditatie precies? Wat is het doel ervan? Is het een doel op zich of een middel? Hoe werkt het? Ogenschijnlijk is het zo'n mysterieus proces. Gelukkig hebben we in Amma een levende meester die ons de juiste, op maat gesneden en op haar eigen ervaring gebaseerde kennis kan verschaffen.

Er zijn twee soorten meditatie: meditatie op God met vorm en meditatie op het Ātma, het bewustzijn dat als het centrum van ons wezen fungeert. Ze worden respectievelijk saguna meditatie en nirguna[1] meditatie genoemd. Amma's Mā-Ommeditatie, de Integrale Amrita Meditatietechniek* (IAM techniek)*, mantra japa en mānasa pūja zijn allemaal verschillende soorten saguna meditatie. Saguna wil zeggen dat het object van onze meditatie concrete eigenschappen heeft. In zulke meditaties is er een duidelijk verschil tussen onszelf, de mediterende, en het object van de meditatie.

---

[1] Saguna betekent met eigenschappen, nirguna betekent zonder eigenschappen.

In de Mā-Ommeditatie bijvoorbeeld, de korte meditatie die door Amma tijdens haar programma's geleid wordt, mediteren we op de inademing en uitademing gekoppeld aan de lettergrepen Mā en Om respectievelijk. Bij de IAM techniek krijgen we een serie plaatsen in het lichaam waarop we ons achtereenvolgens moeten concentreren. Als we japa of archana doen, concentreren we ons op één of meerdere mantra's. Als we mānasa pūja doen, proberen we de vorm van onze geliefde godheid in gedachten voor ons te zien en die te aanbidden.

Zoals karmayoga erop gericht is de geest te verfijnen door het verwijderen van onze voorkeur en afkeer, heeft saguna meditatie ook zijn doel. Dit is primair het verbeteren van ons concentratievermogen. "Op welk punt van het lichaam we ook mediteren, het doel is concentratie op één punt," zegt Amma. Dit is het doel van de meeste mentale spirituele oefeningen.

In dit verband is er een verhaal in de Bijbel[2]. Toen Jezus door Galilea reisde, kwam hij in een plaats waar een man was van wie men zei dat hij door duivelse krachten bezeten was. Hij leefde tussen de graven, tierend en raaskallend, en iedereen die in de buurt woonde, joeg hij de stuipen op het lijf. Na een tijdje ging hij naar Jezus en die vroeg hem hoe hij heette. De man zei: "Noem me Legioen, want we zijn met velen." De Bijbel zegt dat hij daarmee bedoelde dat hij niet slechts door één demon bezeten was, maar door een menigte demonen. Hoe dan ook, Jezus zegende de man en het legioen demonen werd uitgedreven. Sommige mensen zien een symbolische betekenis in deze uitdrijving. Het legioen demonen symboliseert een niet geïntegreerde geest. Zo'n geest bevat een menigte conflicterende impulsen en ideeën. Hij heeft niet de kracht zich te concentreren en kan zich ook nooit ontspannen. Het voorbeeld van Legioen is extreem, maar als we naar binnen kijken, zullen we ontdekken dat de meesten van ons op deze

---

[2] Marcus 5,1-20 en Lucas 8, 26-39

manier in bepaalde mate bezeten zijn. Jezus ontmoeten betekent in contact komen met een mahātma, door wiens onderricht we controle over onze geest, concentratie en uiteindelijk vrede krijgen.

Als men succesvol op een bepaald gebied, werelds of spiritueel, wil zijn, is de capaciteit om zich te concentreren essentieel. Een financieel analist moet zich op de rapporten van de aandelenmarkt kunnen concentreren. Een honkbal- of cricketspeler moet zich op de bal kunnen concentreren. Een computerprogrammeur moet zich op de code kunnen richten. Zo ook moet een leerling zich in zijn hele dagelijks leven op het onderricht van zijn guru kunnen richten. Alles vereist concentratie.

De geschriften vertellen ons herhaaldelijk dat we niet de geest zijn. De geest is eerder een instrument dat we gebruiken om met de wereld om ons heen om te gaan. Op die manier lijkt het veel op een computer. Iedereen die iets van computers snapt, weet dat een computer regelmatig onderhoud nodig heeft. We moeten de harde schijven defragmenteren, ongewenste bestanden verwijderen, de systeemsoftware updaten, misschien de RAM en het geheugen vergroten enz. Bovendien moeten we regelmatig de antivirussoftware updaten. Zoals deze praktijken onze computers tegen defecten beschermen, houdt regelmatige meditatie de mentale computer gelukkig en gezond.

Meditatie kan ook met lichaamsoefeningen vergeleken worden. We weten allemaal dat we een stel basisoefeningen moeten blijven doen, als we het lichaam gezond willen houden. Dit is iets wat iedereen nodig heeft. Maar voor ons, als spirituele zoekers, ligt het anders. We zijn niet alleen geïnteresseerd in het handhaven van een mentale basisgezondheid, we willen een geest creëren die de Hoogste Waarheid kan realiseren en ons vrijmaakt om de gelukzaligheid van het Zelf te ervaren.

Er is een deel in de Shrimad Bhāgavatam, die duizenden jaren geleden geschreven is, waar de wijze Shuka praat over het komende tijdperk en hoe materialistisch het zal zijn. In deze passage geeft hij een lange lijst van voorspellingen. Als we hiernaar kijken is het schokkend om te zien hoeveel er al uitgekomen zijn, vooral als we de vroomheid van de tijd waarin de Bhāgavatam geschreven werd, in aanmerking nemen. Eén ding dat Shuka over onze tijd zegt is:

snānam eva prasādhanam

Enkel baden maakt iemand klaar.

Shrimad Bhāgavatam 12, 2, 5

De betekenis is dat in het huidige tijdperk zeer weinig mensen zich om innerlijke zuiverheid bekommeren; alleen uiterlijke zuiverheid telt. Niemand hecht belang aan het zuiveren en op orde brengen van de geest, alleen het lichaam wordt schoongemaakt.

Amma zegt dat onze geest als de afstandsbediening van een televisie moet worden, die stevig in de palm van onze hand ligt. Dat betekent totale mentale controle, de bekwaamheid om in perfecte overeenstemming met iedere situatie te reageren. Als we over iets willen denken, moeten we dat met concentratie kunnen doen, of het nu vijf minuten lang of vijf uur lang is. Als we ons een gebeurtenis uit het verleden willen herinneren, moeten we dat kunnen doen. En we moeten, en dat is misschien wel het belangrijkste, het ding onmiddellijk, met een druk op de knop, uit kunnen schakelen en ons ontspannen. Dit soort mentale verfijning is het doel van saguna meditatie. De weg is dus duidelijk: van de betrekkelijke krankzinnigheid van Legioen naar de geest met afstandsbediening.

Saguna meditatie leidt niet direct tot Zelfrealisatie. Zelfrealisatie is precies dat, een realisatie, een blijvende verandering in het begrip. Het is de standvastige kennis dat we niet het lichaam, de emoties of het intellect zijn, maar zuiver, gelukzalig, eeuwig bewustzijn. Dit is iets wat Amma ons iedere dag vertelt. Ze begint zelfs iedere openbare lezing met: "Amma buigt voor iedereen, van wie de aard goddelijke liefde en het Zelf is." Velen van ons hebben zulke beweringen over onze goddelijkheid inmiddels duizenden keren gehoord of gelezen, maar toch blijven we dezelfde knorrige, prikkelbare en gefrustreerde persoon. Als deze kennis echt bevrijdt, waarom lijden we dan nog mentaal? Amma zelf geeft ons het antwoord: "Kinderen, wat jullie tekortkomen is niet kennis, maar bewustzijn." Wat bedoelt Amma met bewustzijn? Ze bedoelt de bekwaamheid om nooit de waarheid over wie we zijn te vergeten, zelfs niet in de meest gestreste, actieve en mogelijk fatale omstandigheden. In de Bhagavad Gītā staat:

naiva kiṁcit karomīti yukto manyeta tattvavit |
paśyañ śṛṇvan spṛśan jighrannaśnan gacchan svapañśvasan ||
pralapan visṛjan ghṛṇannunmiṣan nimiṣannapi |
indriyāṇīndriyārtheṣu vartanta iti dhārayan ||

Zelfs wanneer hij ziet, hoort, aanraakt, ruikt, eet, loopt, slaapt, ademhaalt, spreekt, leegmaakt, vasthoudt, de ogen opent en sluit, blijft de wijze gecentreerd in het Zelf en weet: 'De zintuigen reageren op de zintuigobjecten, maar ik doe helemaal niets.'

Bhagavad Gītā 5, 8-9

Amma zegt dat we dit bewustzijn moeten ontwikkelen. De meesten van ons kunnen Vedānta intellectueel begrijpen, maar wanneer het lichaam pijn ervaart, vergeten we de waarheid "Ik ben niet het lichaam." De meesten van ons kunnen intellectueel begrijpen dat we niet de emoties zijn, maar wanneer iemand ons onjuist behandelt, vergeten we deze waarheid en worden we kwaad. De meesten van ons kunnen zelfs begrijpen dat het middelpunt van wie we zijn voorbij de intellectuele ideeën ligt die in ons hoofd opkomen en uit elkaar spatten, maar hoeveel onder ons kunnen dit bewustzijn de hele dag bewaren? In essentie is het probleem een gebrek aan kracht in ons bewustzijn, onze onbekwaamheid om op dit onderricht gericht te blijven als we ons leven leiden. Door de verschillende mentale spirituele oefeningen scherpen we ons concentratievermogen aan. Wanneer dat vermogen goed ontwikkeld is, kunnen we het gebruiken om het bewustzijn over onze ware aard in ons dagelijks leven te handhaven. In zijn commentaar op de Chāndogya Upanishad definieert Ādi Shankarāchārya saguna meditatie als: "een continue stroom van gelijke wijzigingen van de geest (d.w.z. gedachten) tot stand brengen in relatie tot een voorwerp dat door de geschriften geopperd wordt, en die niet door een vreemd idee onderbroken wordt." Shankara onthult dan dat Zelfrealisatie ook enkel de voortzetting van een mentale wijziging is, namelijk de kennis dat je ware aard gelukzalig, eeuwig bewustzijn is. Hij zegt dat het enige verschil tussen deze wijziging in de geest en andere wijzigingen is dat het constant verblijven in gedachten over onze ware aard alle besef van scheiding tussen ons, de wereld, de mensen om ons heen en God vernietigt. Met de vernietiging van deze verdelingen komt de vernietiging van alle kwellingen die eruit voortkomen zoals kwaadheid, depressie, eenzaamheid, jaloezie en frustratie.

Het verfijnen van de geest door saguna meditatie en die verfijnde geest dan gebruiken om zich op het onderwijs in de geschriften te richten wordt in de Mundaka Upanishad[3] uitgelegd door een metafoor van een pijl en boog en het doel. Deze Upanishad adviseert ons om de pijl van de geest door saguna meditatie te scherpen en die dan met de krachtige boog van spirituele wijsheid die de Upanishaden zijn, te laten opgaan in het doel, dat het onvergankelijke, alomtegenwoordige, gelukzalige bewustzijn is.

---

[3] Mundaka Upanishad 2,1,4-5

De Bhagavad Gītā definieert de rol van saguna meditatie ook duidelijk op dezelfde manier:

tatraikāgraṁ manaḥ kṛtvā yata cittendriya kriyaḥ |
upaviśyāsane yuñjyād yogam ātma viśuddhaye ||

Daar op zijn plaats zittend, de geest concentrerend en het denkvermogen en de zintuigen beperkend, moet hij yoga voor zelfzuivering beoefenen.

Bhagavad Gītā 6, 12

Saguna meditatie is een springplank, het scherpen van de pijl. Evenals karmayoga zuivert het onze mentale apparatuur. Hoewel karmayoga en saguna meditatie niet direct Zelfrealisatie tot stand brengen, zou het dwaas zijn om te zeggen dat ze niet belangrijk zijn. Ze zijn essentieel. Zonder die twee zullen we het doel dat we zoeken nooit kunnen bereiken. Ons favoriete onderdeel van de pūja kan het eten van de prasād zijn, maar de prasād is helemaal geen prasād, maar gewoon voedsel, als we niet alle vorige stappen gedaan hebben zoals de aanroeping, de offergaven aanbieden, de gebeden en de ārati. Op dezelfde manier zal het resultaat van kennis alleen komen als we de essentiële voorafgaande stappen gedaan hebben. Amma vergelijkt die stappen vaak met het schoonmaken van de emmer (d.w.z. de geest) voordat we de melk (wijsheid) erin doen. Amma zegt: "Als we melk in een vieze emmer doen, zal hij bederven. We moeten de emmer schoonmaken voordat we er melk in doen. Zij die spiritueel vooruit wensen te gaan, moeten eerst zichzelf reinigen. De geest reinigen wil zeggen negatieve en onnodige gedachten verwijderen en egoïsme en verlangens verminderen."

Sommige mensen zeggen dat ze niet geïnteresseerd zijn in saguna meditatie. Ze zeggen dat ze hun concentratievermogen zullen verfijnen met gedachten over hun ware aard. Maar

Shankara zegt dat het, in ieder geval in het begin van het spirituele leven, beter is ons concentratievermogen te verbeteren door deze saguna meditaties. Dit is omdat nadenken over iets zonder naam en vorm uiterst subtiel is en daarom des te moeilijker. Tenzij de geest voldoende verfijnd is, resulteren pogingen om te mediteren op de vormloze realiteit vaak alleen in slaap of verdoving. Saguna meditaties daarentegen, waarbij men zich concentreert op een vorm of naam van God, op de ademhaling of plaatsen in het lichaam, zijn betrekkelijk gemakkelijk. Dus totdat ons concentratievermogen vervolmaakt is, kunnen we saguna meditatie gebruiken om het te verbeteren. Wanneer men er klaar voor is, hoort nirguna meditatie constant gedaan te worden, zelfs onder het lopen, praten, eten, zitten enz., zoals we in hoofdstuk negen zullen zien. Met dit in gedachten is het erg belangrijk dat Amma ons instrueert om niet alleen wat tijd voor mantra japa met de ogen dicht te reserveren, maar om ook te proberen dat met iedere ademhaling te doen. Dit is de voorbereiding van onze geest op de voortdurende nirguna meditatie, die de ultieme spirituele oefening is.

Shankara zegt ook dat onze geest, naarmate hij steeds verfijnder wordt door de saguna meditaties, ons een glimp van de werkelijkheid van het Zelf kan geven. Zulke glimpen geven ons veel inspiratie om door te gaan met onze oefeningen met steeds meer intensiteit en enthousiasme.

De Yoga Sūtra's

De meest vooraanstaande autoriteit op het gebied van saguna meditatie was misschien Patañjali. Hij schreef de Yoga Sūtra's, die een stap voor stap proces schetsen voor succes in meditatie. Uit deze sūtra's (aforismen) komt de vaak gehoorde uitdrukking 'ashtānga yoga', de yoga van acht stappen. Volgens Patañjali moet yoga in acht opeenvolgende stappen aangepakt worden:

yama, niyama, āsana, prānāyāma, pratyāhāra, dhārana, dhyāna en samādhi. Dit kan vertaald worden als: verboden, geboden, houding, adembeheersing, terugtrekken van de zintuigen, concentratie, voortdurende concentratie en absorptie.

Yama

Volgens Patañjali moeten we er eerst voor zorgen dat we de vijf yama's en niyama's volgen, specifieke verboden en geboden, als we succesvol willen mediteren. De yama's, de verboden, zijn ahimsa, satya, asteya, brahmachārya en aparigraha.

Ahimsa betekent geweldloosheid. Om succes te hebben bij het mediteren moeten we geweld vermijden. Dit is een van de belangrijkste regels die alle mensen moeten volgen. Op een paar uitzonderingen na moeten we altijd vermijden anderen letsel toe te brengen. Dit is niet alleen belangrijk voor de harmonieuze groei van de samenleving, maar ook voor onze innerlijke groei. De hoogste waarheid die de wijzen verkondigen, is dat we allemaal één zijn. Als we deze waarheid willen realiseren, moeten we beginnen elkaar als één te behandelen. Zal iemand die goed bij zijn verstand is, zichzelf ooit met opzet schade toebrengen? En als dit niet voldoende reden is om van geweld af te zien, dan blijft altijd het feit dat onze gewelddadige handelingen volgens de wet van karma naar ons terug zullen komen.

Als we proberen een leven van geweldloosheid te leiden, moeten we dat op drie niveaus benaderen: fysiek geweld, verbaal geweld en geweld in gedachten. Als iemand ons in het verkeer snijdt en wij proberen hem van de weg te drukken, is dat fysiek geweld. De meesten van ons kunnen waarschijnlijk van zulk gedrag afzien. (Maar hoeveel van ons drukken na zo'n incident op de claxon of maken wat 'liefdevolle' gebaren?) Verbaal geweld is als we uit het raam wat goed gekozen woorden schreeuwen. Geweld in gedachten is de subtielste vorm van geweld en daarom het moeilijkst te overwinnen. Het is iedere kwaadwillige gedachte, waarbij we ons fysiek of verbaal geweld voor kunnen stellen. We tolereren vaak ons mentale himsa (geweld) omdat we denken dat het geen negatief effect heeft, maar als we het onbelemmerd zijn gang laten gaan, zal het zich uiteindelijk op fysiek of verbaal niveau uiten. Amma zei in haar toespraak op de Millennium Wereldvredeconferentie in New York in 2000: "De kernwapens van de wereld in een museum zetten zal geen wereldvrede tot stand brengen. De kernwapens in onze geest moeten eerst verwijderd worden."

De tweede yama is satyam, de waarheid spreken of niet liegen. We moeten zeker alleen de waarheid spreken. Maar voordat we spreken, moeten we overwegen wie we helpen en wie we kwetsen als we spreken. Als er meer mensen geholpen dan gekwetst worden, kunnen we spreken. Als er meer mensen benadeeld worden, kunnen we beter onze mond houden. Amma zegt: "Wanneer iemand er als een aap uitziet, is het niet nodig om naar hem toe te gaan en hem dat te vertellen." Als niemand er bij gebaat is, is het waarschijnlijk niet de moeite waard het te zeggen. We moeten dan gewoon onze mond houden. Het is niet nodig om de geluidsverontreiniging die onze planeet teistert te vergroten. Waarheid is de menselijke aard. Als we liegen, gaan we tegen onze eigen aard in. Het is alsof we een onzuiverheid in ons systeem introduceren.

De derde yama is asteya, niet stelen. Er is een mooi gezegde dat de enige zonde stelen is. Als we doden, stelen we iemands recht om te leven. Wanneer we liegen, stelen we iemands recht op de waarheid. Als we iemand afzetten, stelen we iemands recht op eerlijkheid. Er is steeds sprake van stelen als we iets door onwettige middelen verkrijgen. Stelen is algemeen verboden. Zelfs een dief weet dat het verkeerd is, anders zou hij er geen bezwaar tegen hebben als een andere dief hem zou bestelen.

De volgende yama is brahmachārya. Brahmachārya wordt gewoonlijk als celibaat opgevat, maar totaal celibaat is niet vereist voor alle delen van de samenleving. We kunnen brahmachārya hier dus definiëren als het vermijden van ieder seksueel gedrag dat niet past bij onze plaats in de samenleving. Dit varieert van cultuur tot cultuur. Voor brahmachāri's en sannyāsi's is seksuele activiteit zeker verboden. Er is niets verkeerd aan als echtparen lichamelijk affectie voor elkaar tonen, maar zij horen deze affectie voor hun echtgenoot te reserveren. Amma zegt dat men aan een huwelijk moet beginnen om verlangens te overwinnen, niet om er verder in weg te zinken.

De laatste yama is aparigraha, niet oppotten. Dingen bezitten is prima, maar we moeten daarbij bepaalde grenzen niet overschrijden. Amma raadt ons aan om te proberen rond te komen met het minimum, vooral met betrekking tot luxe artikelen. Amma vraagt vrouwen vaak om het aantal kostuums dat ze ieder jaar kopen, te verminderen en mannen om sigaretten en alcohol op te geven. Amma suggereert om het geld dat uitgespaard wordt, aan liefdadigheid te schenken.

Deze vijf yama's zijn fundamentele menselijke waarden en dienen door iedereen opgevolgd te worden, niet alleen door mediterenden. Maar om succesvol te mediteren hebben ze een speciaal belang. Als we een van de vier eerste yama's, geweldloosheid, niet liegen, niet stelen en trouw, overtreden, zal het een diepe indruk op onze geest maken, wat dan tijdens onze meditatie naar de oppervlakte terugkomt. Dat vormt een hindernis om doelgerichte concentratie te verkrijgen. Een knagend geweten of terugkerende herinneringen kunnen het gevolg zijn. De laatste yama, aparigraha, verstoort de geest omdat we onze verlangens uit de hand laten lopen wanneer we dingen oppotten. Tijdens onze meditatiepogingen zal zich dat manifesteren als angst dat we verliezen wat we vergaard hebben of als gedachten om meer te op te potten.

Niyama

Vervolgens hebben we de vijf niyama's, de geboden voor hen die meditatie beoefenen. De eerste is shaucham, reinheid. De geschriften zeggen dat we ons lichaam, onze kleren en fysieke omgeving schoon moeten houden. Onreinheid is niet alleen ongezond voor ons en voor anderen, maar het verstoort onze geest ook. Als onze werkruimte onordelijk is, worden we gemakkelijk afgeleid. Omgekeerd, hoe netter die is, des te gemakkelijker kunnen we ons concentreren. De geest van de meeste mensen kan niet op orde zijn, als hun omgeving dat niet eerst is. Dus, voordat we gaan zitten mediteren, moeten we ervoor zorgen dat onze omgeving schoon is.

De tweede niyama is santosham, tevredenheid. Amma zegt dat tevredenheid een mentale houding is. We kunnen de uiterlijke wereld niet altijd in overeenstemming met onze voorkeur en afkeer brengen, maar de innerlijke wereld moeten we onder controle hebben. Als men succes in meditatie zoekt, is het van vitaal belang dat men besluit blij te blijven, wat er ook in het leven mag gebeuren. Dat wil niet zeggen dat we niet naar succes of verandering mogen streven. We moeten ernaar streven om in ons beroep en activiteiten uit te blinken, maar we moeten onze innerlijke rust niet van succes of mislukking op die gebieden af laten hangen. Doe goed je best, maar of je nu succes hebt of mislukking ervaart, wees tevreden. Santosham gaat hand in hand met de yama aparigraha, in die zin dat we, als we tevreden zijn met een minimum aan luxe, de rest van onze middelen voor het welzijn van de samenleving kunnen gebruiken. Het ontwikkelen van tevredenheid is belangrijk, omdat niemand ooit tevredenheid door bezittingen kan verkrijgen, zoals we in hoofdstuk vijf besproken hebben. Hoeveel men ook krijgt, men wil altijd meer. Zodra we een loonsverhoging krijgen, denken we aan de volgende. Het congreslid wil senator worden, de senator wil president worden en de president wil de hele wereld regeren. Wanneer we deze waarheid beginnen te begrijpen, proberen we tevredenheid te ontwikkelen die niet op geld of bezittingen gebaseerd is. Een geest die weinig tevreden is, zal zich in meditatie nooit kunnen concentreren.

De derde niyama is tapas, ascese. Alleen door ascese kunnen we onze geest en zintuigen onder controle houden. Als we onszelf geen grenzen stellen, worden we als een kind dat in een snoepjeswinkel wordt losgelaten. Het resultaat is een vuile boel en een ziek kind. Op dezelfde manier brengt de mens zichzelf en de samenleving alleen schade toe, als hij zich niet beheerst. Er is een leuke uitdrukking in India: "Laat de geiten vrij rondlopen en ze maken van de tuin een rotzooi, bind ze aan een paal en ze zullen het terrein mooi schoon maken." Alleen door onthouding krijgen we echte mentale kracht. Dit is de betekenis van alle geloften die de mensen in het religieuze leven afleggen. Amma beveelt aan om één dag per week uit te kiezen om te vasten en in stilte door te brengen. Als we weten dat we het zonder iets kunnen stellen, heeft het geen controle meer over ons. Tijdens het mediteren willen we voor honderd procent op één enkel object geconcentreerd zijn. Tenzij we een redelijke controle over onze geest en zintuigen hebben verkregen door te weigeren altijd aan hun wensen toe te geven, zullen we ons nooit tijdens de meditatie kunnen concentreren.

De vierde niyama is svādhyāya. Letterlijk betekent svādhyāya zelfstudie. Het bestuderen van de geschriften en de woorden van onze guru is geen extraverte activiteit. De guru en de geschriften zijn de spiegel waarmee we naar binnen kijken om te zien wie we werkelijk zijn. Amma zegt dat een serieuze zoeker iedere dag wat tijd moet besteden aan het bestuderen van de geschriften en het onderwijs van de guru. Dit is ook de eerste instructie in de Sādhana Pañchakam van Ādi Shankarāchārya: vedo nityam adhīyatām "Moge je dagelijks de geschriften bestuderen." Alleen door bestudering hiervan zullen we het uiteindelijke doel van het leven leren kennen en hoe we dat kunnen bereiken. Verder kunnen we nooit mediteren en de rol van meditatie op de spirituele weg begrijpen, als we deze dingen niet eerst uit een goede bron leren; dit kunnen Amma of de traditionele geschriften zijn.

De laatste regel is īshvara pranidhānam, overgave aan God. Dit betekent alle handelingen als aanbidding van de Heer doen. Dit wijst op de karma-yogahouding, omdat we in karmayoga onze handelingen overgeven aan de Heer en alle resultaten als prasād accepteren. Zoals we in hoofdstuk vijf gezegd hebben, overwinnen we door het toepassen van de karma-yogahouding onze voorkeur en afkeer. Als we hierover geen controle krijgen, zullen we nooit vredig genoeg zijn om geconcentreerd in meditatie te zitten.

Āsana

De volgende stap in Patañjali's systeem is āsana. Āsana betekent lichaamshouding of zitplaats. Voordat we onze meditatie beginnen, moeten we ervoor zorgen dat we stabiel in een juiste houding kunnen zitten. Zoals Krishna Arjuna in het zesde hoofdstuk van de Bhagavad Gītā adviseert, adviseert Amma ons altijd om rechtop en stil te zitten, met onze rug, nek en hoofd op één lijn. Amma beveelt aan dat men de kin ook een beetje omhooghoudt. We kunnen onze handen gevouwen in onze schoot laten rusten of ze met de handpalmen naar boven op onze dijen laten rusten. Het zitten in deze houding neemt het gewicht van de borst van de longen af, wat onze ademhaling de hele meditatie lang licht en gemakkelijk maakt. De positie van de handen en de rechte rug zijn bevorderlijk voor de juiste opwaartse stroom van prāna, wat bevorderlijk is voor de meditatie. Men kan in iedere gemakkelijke houding zitten: met de benen eenvoudig gekruist, in de halve lotus of in de lotushouding (padmāsana). Er mag geen spanning zijn. Forceer je dus niet in een houding waar je niet gemakkelijk uit kunt komen. Het heeft geen zin in een houding te zitten die zoveel ongemak geeft, dat je niet rustig kunt mediteren. Het is ook prima om op een stoel te zitten, indien nodig, maar je moet vermijden tegen de rug van de stoel te leunen, omdat dit gemakkelijk slaap veroorzaakt. In de Gīta zegt Krishna dat het kussen of het matje waarop we zitten, niet te zacht en niet te hard moet zijn. Direct op de vloer of de aarde zitten zonder een matje of kleedje wordt niet aanbevolen. Meditatiemeesters zeggen dat de energie in het lichaam verzwakt, wanneer het lichaam in direct contact met de grond komt, zoals een elektrisch circuit kracht verliest wanneer het geaard wordt.

Āsana kan ook naar hatha yoga-āsana's verwijzen, waaraan men gewoonlijk denkt wanneer men het woord yoga hoort. Een regelmatige beoefening van hatha yoga is een uitstekende manier om gezondheid en vitaliteit te handhaven. Maar we moeten er zeker van zijn dat we les krijgen van een echte hatha yogameester, omdat deze strekoefeningen erg subtiel zijn en nadelige effecten kunnen hebben, als ze onjuist gedaan worden. We merken ook op dat hatha yoga in de context van Patañjali's ashtānga systeem geen doel op zich is. Het is eerder een voorbereiding op de zittende meditatie: het lichaam losmaken zodat het goed kan zitten voor de duur van de meditatie, het stimuleren van een bevorderlijke stroom prāna en de aandacht langzaam naar binnen laten gaan. Dit is het doel van alle āsana's die in Amma's IAM-techniek[*] gegeven worden.

Prāṇāyāma

Na āsana is de volgende stap prāṇāyāma, wat ademhalingbeheersing betekent. Evenals hatha yoga heeft prāṇāyāma uiterst subtiele effecten en kan het schadelijk zijn als het niet juist gedaan wordt onder direct toezicht van een ervaren meester. Tegenwoordig leren veel personen en instellingen erg subtiele prāṇāyāmatechnieken aan iedereen die het cursusgeld wil betalen. Amma vindt dit erg gevaarlijk en waarschuwt mensen vaak voor deze situatie. Eenvoudige prāṇāyāma kan door bijna iedereen[4] beoefend worden, maar ingewikkelde en langdurige prāṇāyāma wordt traditioneel op individuele basis voorgeschreven in overeenstemming met iemands lichamelijke en vitale capaciteit en zijn controlevermogen. Amma waarschuwt ons om bijzonder op te passen dat we het geforceerd vasthouden van de adem na de inademing of uitademing vermijden. Amma zegt: "Als de guru in vroeger tijden iemand in prāṇāyāma ging initiëren, liet hij hen een vezel van een bruin kokosnootomhulsel halen of misschien een grassprietje of een draad. De guru hield dit dan onder de neus van de leerling en observeerde de verschillende aspecten van zijn ademhaling, zoals de kracht, duur, lengte en de aard van de stroom uit ieder neusgat. Pas hierna schreef hij de vereiste stijl, duur en aantal herhalingen voor."

In de meditatietechnieken die Amma onderwijst, adviseert ze geen ingewikkelde prāṇāyāma. Behalve een uiterst korte, krachtige prāṇāyāma aan het begin van de IAM-techniek adviseert Amma hoofdzakelijk prāṇa vīkshana, normaal ademhalen met bewustzijn. Dit is een kernonderdeel van de Mā-Omtechniek. De ademhaling moet regelmatig en rustig zijn. In Mā-Om laat Amma ons onze inademing verbinden met het in gedachten

---

[4] Mensen met hartziekten, astma en hoge bloeddruk en zwangere vrouwen moeten hun arts raadplegen.

herhalen van de bījākshara Mā en onze uitademing met het in gedachten herhalen van Om. Dit soort prānāyāma staat bekend als sagarbha prānāyāma, letterlijk prānāyāma doordrongen van een mantra. Als we overwegen hoe de meditatietechnieken die Amma onderwijst, intuïtief in haar opkwamen, is het verbazingwekkend hoe perfect ze in overeenstemming zijn met oefeningen die in de verschillende traditionele geschriften gevonden worden. Zoiets is werkelijk een bewijs voor de bewering dat de sadguru een levend geschrift is.

In Patañjali's systeem is prānāyāma, net als āsana, niet een doel op zich, maar een stap die erop gericht is om de geest langzaam steeds meer naar binnen te trekken. Hatha yoga wordt gedaan terwijl men de geest op het uiterlijke lichaam richt. Bij prānāyāma wordt de plaats of de gerichtheid subtieler: de levenskracht *in* het lichaam. We zien dat Patañjali ons zo systematisch, geleidelijk, stap voor stap naar binnen leidt en zo de subtiliteit en dus de invloed van de oefeningen vergroot.

Pratyāhāra

De volgende stap is pratyāhāra, het terugtrekken van de zintuigen. Dit is gewoon gezond verstand: we kunnen ons niet op iets in de geest richten als we nog actief in contact zijn met de buitenwereld door onze ogen, oren, neus, tong en huid. De ogen kunnen we sluiten. En hoogstwaarschijnlijk hoeven we niets tijdens onze beoefening te eten. Maar als we gestoord worden door aanraking, geur of geluid zal het moeilijk voor ons zijn om te mediteren. Daarom instrueren de geschriften ons om in betrekkelijke stilte te mediteren of 's ochtends vroeg, als de rest van de wereld nog slaapt. De plaats moet ook schoon zijn. Vieze plaatsen hebben vaak een vieze geur, misschien ook muggen, een hardnekkige vijand van de mediterende. Op deze manier kunnen we de van nature naar

Het verfijnen van de geest

buiten gerichte aard van de zintuigen intomen, waardoor de geest zich kan concentreren op het gekozen object van onze meditatie. Amma zegt echter dat we de bekwaamheid moeten ontwikkelen om in iedere omgeving te mediteren. Toen ik net in de āshram was gaan wonen, liet de plaatselijke bevolking hopen kokosbasten in de backwaters liggen. Door het zoute water gaat de kokosbast rotten, wat het makkelijker maakt om ze in stukjes te snijden en dan tot kokostouw te verwerken. Wel, ik kan je vertellen dat er weinig dingen zijn die meer stinken dan een hoop rottende kokosbasten. En het geluid van de vrouwen die op de omhulsels sloegen was een verdere aanval op de zintuigen. Toch liet Amma ons precies daar zitten en een paar uur achter elkaar mediteren. Naar Amma's mening moet men zijn meditatie niet uitstellen bij gebrek aan stilte of een geschikte plaats. Wanneer het tijd is voor onze geplande meditatie, moeten we onze geest terug kunnen trekken en ons concentreren, ongeacht waar we zijn. Door ons te vragen bij de rottende kokosbasten te mediteren liet Amma ons die bekwaamheid ontwikkelen.

Dhārana

De volgende stap is dhārana, mentale concentratie. De idee is hier om de onbelaste geest te richten op het gekozen voorwerp. Dit kan het mentale beeld van een god, godin of de guru zijn. Het kan onze ademhaling of de mantra zijn. Het kunnen bepaalde plaatsen in ons lichaam zijn. De Veda's[5] sommen honderden van dergelijke objecten voor meditatie op. Het kan ieder object zijn, maar de geschriften zeggen ons dat we niet mogen vergeten dat object met het goddelijke te verbinden. Daarom neemt Amma in de Mā-Ommeditatie altijd de tijd om te zeggen dat de klank Om een symbool is voor het goddelijke licht d.w.z. bewustzijn en

---

[5] Vooral de aranyaka secties.

dat de klink Mā een symbool is voor goddelijke liefde. Daarna denken we niet aan bewustzijn of goddelijke liefde, we richten onze geest eenvoudig op de ademhaling gekoppeld aan de klanken Mā en Om. Maar we hebben de sankalpa gemaakt over wat zij vertegenwoordigen.

Dhyāna

Dhārana is eenvoudig één gedachte. De volgende stap, dhyāna, is de voortzetting van die gedachte. Shankara zegt: "Een continue stroom van gelijke wijzigingen van de geest (d.w.z. gedachten) tot stand brengen in relatie tot een voorwerp dat door de geschriften wordt geopperd, en die niet door een vreemd idee onderbroken wordt." In het dhyanastadium handhaaft de geest een enkele gedachte, maar die wordt alleen dankzij onze inspanning gehandhaafd. Het is een strijd.

Ik weet zeker dat we allemaal ervaringen als de volgende gehad hebben: We zitten te mediteren en proberen ons bijvoorbeeld op Devi's vorm te concentreren. We concentreren ons op haar kroon, haar haar, dan haar sāri... Als we de sāri voor ons zien, denken we: "Devi's sāri is zo mooi. Een prachtig diep blauw. Blauw als de zee." En dan komt onze geest er heimelijk in: "Ik herinner me afgelopen zomer toen ik een cruise naar Venezuela maakte..." En dan beginnen we aan een restaurant daar te denken waar we gegeten hebben. En dan interessante mensen die we daar ontmoet hebben. "Die kerel in het restaurant had een echt mooi horloge... Ik moet echt een nieuw horloge kopen... Misschien moet ik morgen naar het winkelcentrum gaan... De laatste keer dat ik naar het winkelcentrum gegaan ben, kreeg ik ruzie met mijn zus Devika..." Oei, plotseling herinneren we ons dat we over Devi zouden moeten mediteren.

Zo is de geest, een stroom van gedachten. Gewoonlijk is de stroom helemaal wild: een stroom van gedachten gebaseerd op mentale associaties en vāsana's. Door oefening kunnen we leren om deze gedachtestroom op één object te richten. Dit is als het aanbrengen van rails voor een trein. Ze verzekeren dat we de juiste koers handhaven en ons voorgenomen doel bereiken. Naarmate de kracht van ons bewustzijn zich ontwikkelt, neemt onze bekwaamheid om de geest te sturen wanneer hij afdwaalt, ook toe. Als we onze aandacht constant op het gekozen object kunnen richten, wordt dat dhyāna genoemd.

Samādhi

Het hoogtepunt van saguna meditatie is samādhi, volledig moeiteloze absorptie in onze gekozen gedachte. Hier stroomt de geest onbelemmerd. Het traditionele beeld is dat van de onbeweeglijke vlam van een olielamp die binnen een glazen omhulsel brandt. Tot aan dit stadium van meditatie is er altijd dualiteit: de mediterende en het object van de meditatie. Maar in samādhi vergeet de mediterende zichzelf volledig en het object van de meditatie wordt zijn enige bestaande realiteit. Dit is het hoogtepunt van saguna meditatie. Zelfs in het dagelijks leven raken we soms zo geabsorbeerd in wat er gebeurt dat we onszelf helemaal vergeten, bijvoorbeeld als we naar de tv of een film kijken. Voordat we er erg in hebben, zijn er twee uur voorbij. Natuurlijk is het verschil tussen tv kijken en meditatie dat er bij tv kijken sprake is van de natuurlijke lagere tendens van de geest en zintuigen is om naar buiten te gaan, terwijl we ze in meditatie trainen om zich naar binnen te keren. We hebben allemaal momenten ervaren waarop we in gedachten verzonken raken, misschien in een intellectueel idee of een dagdroom. Maar zolang onze concentratie niet bedoeld is, zal het nooit de mentale verfijning tot stand brengen die we door saguna meditatie zoeken.

Het is belangrijk op te merken dat samādhi in meditatie niet met Zelfrealisatie verward moet worden. Zelfrealisatie is een verandering in ons begrip, waar we onze eigen aard, de aard van de wereld en de aard van God als gelukzalig, eeuwig bewustzijn gaan opvatten. Het wordt een advaita ervaring genoemd, een niet duale ervaring, omdat we voor eens en altijd inzien dat het enige wat bestaat, binnen en buiten, bewustzijn is. Dit begrip is blijvend en blijft bij ons, of we met de ogen dicht in meditatie zitten, eten, slapen, lopen of praten. In de samādhi die Patañjali's beschrijft, komt de ervaring van gelukzaligheid door de concentratie van de geest op één punt. Omdat de geest op één punt gericht is, wordt hij zo stil dat de zaligheid van het Zelf, die gewoonlijk door de geest verduisterd wordt, daar nu door heen schijnt. Daarom krijgen we, zoals Shankara zegt, een 'glimp van de realiteit van het Zelf'. Wanneer men echter ophoudt met mediteren en zijn ogen opent, keert de dualistische wereld terug, de glimp is voorbij en we zijn weer dezelfde persoon met al onze negatieve eigenschappen. Daarom zegt men dat blijvende gelukzaligheid alleen van kennis kan komen. De bron van de misvatting, dat samādhi in meditatie hetzelfde is als Zelfrealisatie, is dat Zelfrealisatie soms ook samādhi genoemd wordt. Maar Zelfrealisatie wordt sahaja samādhi genoemd, natuurlijke samādhi, voortkomend uit het begrip dat alles één is.

Het is een mooi en fascinerend begrip. In mediatiesamādhi beperken we de geest tot één gedachte en ervaren gelukzaligheid als resultaat. In sahaja samādhi begrijpen we dat alles wat we zien en denken in essentie één is, en ervaren daarom gelukzaligheid. In het eerste geval reduceren we veelvoud tot één door discipline, in het tweede reduceren we het tot één door begrip. Mediatiesamādhi is voorbijgaand. Het eindigt bij het ophouden van de meditatie. Samādhi dat op begrip gebaseerd is, houdt nooit op als men het eenmaal bereikt heeft.

Amma zegt vaak dat de meeste mensen slechts een of twee minuten echte concentratie bereiken tijdens een meditatiesessie van een uur. Ze zegt dat echte meditatie niet alleen maar met de ogen dicht zitten is, maar "een toestand van ononderbroken concentratie als een eindeloze stroom" d.w.z. Patañjali's samādhi. Maar toch is dit prima, zegt Amma. Ons concentratievermogen zal met de tijd en door oefening toenemen. Amma legt dit vaak uit door te zeggen: "Stel dat we water op het vuur zetten om thee te zetten. Als iemand ons vraagt wat we doen, zeggen we dat we thee aan het zetten zijn. In feite wordt het water alleen maar opgewarmd. Het is alleen maar het begin. We hebben de theebladeren, de melk en de suiker nog niet toegevoegd. Toch zeggen we dat we thee zetten. Zo ook zeggen we dat we mediteren, maar het is slechts het begin. We hebben de toestand van echte meditatie nog niet bereikt."

Andere spirituele technieken

Het doel van de meeste spirituele oefeningen is ons concentratievermogen te verhogen. Meditatie is een zuiver mentale activiteit; concentratie op het object van de meditatie kan alleen door de geest verkregen worden, terwijl we bij andere technieken van verschillende zintuigen gebruik maken.

Amma beveelt bijvoorbeeld sterk het dagelijks reciteren van de Lalita Sahasranāma aan, de Duizend Namen van de Goddelijke Moeder. Bij deze oefening denken we de mantra's niet alleen, maar we reciteren ze ook luid. Zo betrekken we ook de tong en het oor erbij. We kunnen de mantra's ook lezen en gebruiken zo ook de ogen. Sommige mensen voeren een beweging uit waarbij ze doen alsof ze bij iedere naam die ze reciteren, bloemblaadjes offeren. Zo maken ze ook gebruik van de handen. Hoe meer zintuigen we gebruiken, des te gemakkelijker is het om doelgerichte concentratie te verkrijgen. Het zingen van bhajans werkt volgens hetzelfde principe. Daarom verkiezen veel mensen die problemen hebben bij het verkrijgen van concentratie in meditatie, het reciteren van mantra's of het zingen van bhajans. De algemene regel is dit: hoe meer zintuigen erbij betrokken zijn, des te gemakkelijker is het om zich te concentreren. Omgekeerd, hoe minder zintuigen we gebruiken, des te krachtiger is de oefening. Om dit te begrijpen is het nuttig om te denken aan iemand die fysieke oefeningen doet. Hoe meer spieren hij gebruikt om een gewicht op te tillen, des te gemakkelijker is het om dat te doen. Maar hoe minder spieren hij gebruikt om datzelfde gewicht op te tillen, des te zwaarder is de training voor de spieren die hij wel gebruikt. Bij spirituele oefeningen zijn we niet echt geïnteresseerd in het verfijnen van ons gehoor of gezichtsvermogen. We willen de geest sterker maken. Dus hoe minder zintuigen we gebruiken, des te zwaarder is de training die de geest krijgt. Daarom schreef Ramana Maharshi in zijn verhandeling Upadesha Sāram:

uttama stavāducca mandataḥ |
cittajaṁ japa dhyānam uttamam ||

Luide herhaling is beter dan prijzen. Nog beter is zachtjes mompelen. Maar het beste is in gedachten herhalen. Dat is echt meditatie.

Upadesha Sāram 6

Dit is hetzelfde advies dat Amma ons geeft als we mantra dīksha van haar krijgen. Ze zegt: "In het begin reciteer je de mantra, zodat alleen jij het geluid kan horen. Als je het op die manier met concentratie kunt doen, herhaal de mantra dan door alleen je lippen te bewegen, zoals een vis dat doet. Als je dat eenmaal onder de knie hebt, maak er dan een gewoonte van om hem alleen in gedachten te herhalen." We kunnen dit op twee manieren opvatten. Begin kan betekenen de beginperiode na onze initiatie in de mantra. Of het kan betekenen het begin van onze dagelijkse mantra japa beoefening. Dus we moeten proberen onze spirituele oefeningen meer verfijnd en subtiel te maken, naarmate we vooruitgaan in de macrokosmos van ons leven. Tegelijkertijd kan dit zich in de microkosmos van onze spirituele praktijk weerspiegelen.

Zoals het reciteren van een mantra in gedachten krachtiger is dan hem hardop te herhalen, is, naar men zegt, het telkens weer herhalen van één mantra krachtiger dan het herhalen van een serie mantra's. Dit is omdat de aard van de geest een stroom is. Hij is altijd naar iets nieuws op zoek. Als hij het sap uit het ene ding gezogen heeft, wil hij doorgaan naar iets nieuws. Hoe meer we de geest inperken, des te minder staan we hem toe zijn extraverte aard te volgen. Het is alsof we door al deze oefeningen mentaal op de rem trappen en de geest in de richting van *onze* keuze dwingen. Voorheen hadden we er geen controle over. Het was, zoals Amma zegt, "een geval van een staart die met de hond zwaait." Als we op de rem trappen, ontstaat er warmte. De warmte is een teken dat de geest gezuiverd wordt. Het is geen toeval dat het Sanskriet woord voor warmte en het woord voor ascese hetzelfde zijn: tapas. Dit betekent niet dat iedereen die graag luid reciteert, ermee op moet houden. We moeten introspectie plegen, ons niveau eerlijk evalueren en dan verdergaan, waarbij we onze oefeningen in de loop der tijd intensiever maken.

Amma zegt dat het hardop reciteren van de Lalita Sahasranāma een speciaal voordeel heeft. Ze zegt dat het bijna een vorm van prānāyāma is, als het met het juiste ritme en de juiste snelheid gedaan wordt. Het regelt moeiteloos de ademhaling en ontspant en zuivert daardoor de geest en het lichaam.

Hindernissen in de meditatie

Meditatie is een zeer subtiele spirituele oefening. Voor sommigen is het een bron van grote gelukzaligheid, voor anderen een bron van grote frustratie. De meerderheid zit ergens tussen deze twee uitersten in. In zijn commentaar op de Māndūkya Upanishad noemt Sri Gaudapādāchārya, de guru van de guru van Ādi Shankarāchārya, vier specifieke hindernissen voor meditatie en ook de remedies. Het zijn: laya, vikshepa, kashāya en rasāsvada. Laya betekent slaap. De meesten van ons zijn maar al te vertrouwd met dit probleem, vooral wanneer we voor het eerst mediteren. Het is natuurlijk. Ons hele leven hebben we het sluiten van de ogen en ontspannen met slapen geassocieerd. Nu willen we plotseling de ogen sluiten en alert blijven. Daarom dutten we vaak weg. Om dit obstakel te overwinnen moeten we naar de oorzaak van slaap kijken. Slaap in meditatie wordt veroorzaakt door onvoldoende slaap 's nachts, te veel eten, overmatige lichamelijke inspanning of gezondheidsproblemen zoals lage bloeddruk enz. Met betrekking tot dit probleem zegt Amma meestal tegen de mensen dat ze op moeten staan en een tijdje rond moeten lopen. "Als je je slaperig voelt, sta dan op en loop, terwijl je je mantra herhaalt. Dan verdwijnt de tamas. In de beginstadia van meditatie komen al je tamas-eigenschappen naar de oppervlakte. Als je waakzaam bent, verdwijnen ze na verloop van tijd. Als je slaap hebt, herhaal dan de mantra met behulp van een japa māla." Als het object van onze meditatie een beeld is, beveelt Amma aan onze ogen te openen en ze op het uiterlijke beeld te richten. Als de slaperigheid over is, kunnen we onze ogen sluiten en met de innerlijke visualisatie verder gaan.

Ik herinner me dat Amma in de begindagen van de āshram tijdens onze meditaties bij ons zat en een zakje kiezelsteentjes naast zich had staan. Als iemand in slaap begon te vallen, wierp Amma er een naar hem, en dat was altijd goed raak. Soms zien we dit nog tijdens Amma's programma's. Omdat de darshan meestal tot drie of vier uur in de morgen doorgaat, beginnen veel mensen die rondom Amma mediteren, weg te dutten. Amma heeft haar eigen unieke manier om ze wakker te maken: een snoepje als prasād naar hen gooien.

Het tweede obstakel is vikshepa, onrust. Hier is de geest niet slaperig. Het is juist het tegenovergestelde. We kunnen ons niet concentreren door mentale onrust. De grondoorzaak van mentale onrust is verlangen. Zoals we eerder besproken hebben, ontstaat verlangen door verwarring over de echte bron van geluk, d.w.z. de misvatting dat de bron ervan de zintuiglijke objecten zijn in plaats van het Zelf. Om dit probleem tijdens de meditatie op te lossen beveelt Gaudapāda aan dat we nadenken over de kortstondigheid van de objecten die onze gedachten afleiden en hoe ze uiteindelijk alleen tot verdriet leiden. Amma's advies is hetzelfde: "Als ongewenste gedachten tijdens de meditatie opkomen, moeten we denken: 'O geest, heeft het enig nut deze gedachten te koesteren? Hebben ze enige waarde?' Door zo te denken moet je onnodige gedachten verwerpen. Er moet volledige vrijheid van verlangen ontstaan. Er moet onthechting komen. De overtuiging dat deze zintuigobjecten gelijk staan met vergif moet diep in de geest geworteld worden."

Vervolgens komt kashāya. In kashāya is de geest niet slaperig en ook niet afgeleid door gedachten, maar toch ervaart men geen diepe absorptie in de meditatie, omdat de verlangens nog in het onderbewuste blijven. Hier is de enige oplossing dat we getuige van de geest in deze toestand blijven en als de verborgen verlangens in de bewuste geest naar de oppervlakte komen, moeten we ze verwijderen door met onderscheid te denken.

Het laatste obstakel dat Gaudapāda noemt is rasāsvada, wat letterlijk gelukzaligheid (rasa) proeven (asvadana) betekent. Als de geest geabsorbeerd raakt in het gekozen meditatieobject, ervaart men vrede en gelukzaligheid. Als dit gebeurt, moeten we ons niet laten afleiden door het in vervoering brengende effect ervan. We moeten onze aandacht gericht blijven houden op ons gekozen meditatieobject. We mogen nooit de bedoeling achter onze meditatie vergeten: de geest verfijnen. De gelukzaligheid die we op zulke momenten ervaren, is een reflectie van de gelukzaligheid van het Zelf zoals die ervaren wordt in de spiegel van de geest. Het komt en het gaat afhankelijk van onze mentale toestand. Het proeven van de gelukzaligheid is niet ons doel. Uiteindelijk moeten we hieraan voorbijgaan en onze identiteit met het Ātma realiseren, de ware bron van alle gelukzalige ervaringen. Zoals we in hoofdstuk negen in detail zullen uitleggen is dit niet een ervaring, maar een verandering in begrip. Saguna meditatie bereidt onze geest op deze verandering voor, maar brengt deze verandering niet zelf tot stand. Die moet door kennis komen.

Amma zegt dat iedere handeling die met het juiste besluit en de juiste instelling verricht wordt, een spirituele oefening kan worden zolang het met bewustzijn gedaan wordt. Lopen kan als een spirituele oefening gedaan worden, praten kan als een spirituele oefening gedaan worden, en ook eten en huishoudelijk werk. Het is zeker dat alles kan helpen onze geest te verfijnen als het met concentratie en bewustzijn van het doel gedaan wordt.

Amma's hele leven is een demonstratie van dit principe. Alles wat ze doet, wordt met zoveel zorg en concentratie gedaan. Als men vluchtig kijkt, ziet het er misschien niet zo uit, omdat Amma zo natuurlijk in haar handelen is. Maar als we goed kijken, zien we dat Amma alles wat ze doet – haar terloopse blik, spontane glimlach, speelse gebaren en zelfs haar tranen – met precisie, zorg en concentratie doet.

Ik herinner me een interessant verhaal dat deze waarheid illustreert. In 2003 kwam een regisseur, Jan Kounen, naar de āshram om een documentaire over Amma te maken. Dit was het jaar van Amma's vijftigste verjaardag en hij wilde de massale darshansessies filmen die plaatsvonden in de dagen rondom de verjaardag. Op zulke dagen kan Amma darshan geven aan wel 2000 mensen per uur. Zoiets gadeslaan is echt indrukwekkend. Er zijn twee rijen, een die van rechts komt en een van links. Een dubbele transportband van liefde. Toen Kounen nadacht over het filmen hiervan, zei hij: "Ze ging zo snel! Aanvankelijk kan het oog het niet bijhouden. Het lijkt chaotisch, als een waas. Het ging te snel. Daarom besloot ik haar in slow motion te filmen. Pas toen zag ik het echt: 'Nee, zo is het niet. Er is zoveel gratie en schoonheid in haar handelingen. Alles is zo doelbewust. Het is als een ballet.'"

Alsof Amma de hoeveelheid bewustzijn wil bewijzen waarmee ze tijdens die sessies werkt, houdt ze plotseling op, grijpt iemand beet die voor darshan komt en geeft hem speels een uitbrander: "Hé ondeugende vent, jij komt voor de tweede keer!" Alleen God weet hoe Amma zich ieder gezicht herinnert, zelfs in massale menigten.

We moeten goed voor ogen houden dat Amma's geest al zuiverder dan zuiver is. Ze hoeft die niet te verfijnen. Ze heeft het allerhoogste al bereikt. Het meditatieve van haar handelingen is haar natuurlijke staat van zijn en dient alleen als een voorbeeld om de wereld te inspireren om voor zijn eigen welzijn in haar voetstappen te treden.

Hoofdstuk 9

De oorzaak van verdriet verwijderen

Duisternis is niet iets wat concreet verwijderd kan worden, maar als we het licht binnen laten, houdt de duisternis vanzelf op. Op dezelfde manier verdwijnt de duisternis van onwetendheid als ware kennis ontwaakt. Dan worden we wakker voor het eeuwige licht.

Amma

De laatste stap op het pad naar bevrijding is jñāna yoga, kennis. Alle andere technieken die we tot nu toe opgenoemd hebben, karmayoga, saguna meditatie, het cultiveren van goddelijke eigenschappen en het verfijnen van de geest, zijn alleen een voorbereiding op jñāna yoga. Zoals we in vorige hoofdstukken besproken hebben, is het doel van karmayoga de vermindering van onze voorkeur en afkeer, wat gedachten zijn die onze geest afleiden door hem in allerlei richtingen te trekken. Saguna meditatie is erop gericht het concentratievermogen van de geest te vergroten. Om het samen te vatten: als we ons de spirituele reis voor stellen als een reis in een raket, vermeerdert meditatie de kracht van de raketaandrijving en karmayoga maakt het ruimteschip meer aerodynamisch. In deze metafoor ontbreekt slechts één ding: de bestemming. Ātma jñāna, Zelfkennis, is de bestemming. Om deze bestemming te bereiken moeten we een zeer vreemde reis ondergaan. De reis is vreemd omdat we de bestemming pas bereiken wanneer we in zijn gaan zien dat we er al vanaf het begin zijn. Uit deze bewering alleen al kunnen we afleiden dat Ātma jñāna zeer subtiele kennis is en dat daarom de twee mentale verfijningen die voortkomen uit karmayoga en saguna meditatie, erg belangrijk zijn. Er is maar één reden waarom mensen aan spiritualiteit beginnen en dat is dat ze niet zo gelukkig zijn als ze zouden willen zijn. Het is het verlangen naar geluk of meer geluk of de angst het geluk dat we nu hebben te verliezen dat ons hele leven leidt. We nemen een baan omdat we weten dat we geld nodig hebben om op zijn minst in onze basisbehoeften zoals voedsel, kleding en onderdak te voorzien. We gaan naar de film, luisteren naar muziek en zoeken relaties omdat we geloven dat ze ons leven zullen verrijken. Zelfs het volgen van zedelijk gedrag, sociale normen en onbaatzuchtig dienen zijn bedoeld om een gevoel van innerlijk vrede en vervulling te verkrijgen en te handhaven. Dit geeft ons allemaal in verschillende mate tijdelijk geluk, maar het is altijd gemengd met verdriet. De meeste mensen in de wereld blijven op deze wijze leven in de hoop dat ze op een dag op de een of andere manier de perfecte ordening zullen vinden waarmee ze voor altijd gelukkig zullen zijn, de pot met goud aan het eind van de regenboog. Of ze worden 'tevreden met het ontevreden zijn'. Ze gaan inzien dat het leven altijd een mengsel is van voor- en tegenspoed en besluiten de tegenspoed te ondergaan voor de vreugde van de kortstondige goede tijden.

De meeste mensen zijn bereid negentig procent verdriet te accepteren voor slechts tien procent geluk. Het vreemde is dat ze een dergelijke inefficiëntie nooit zouden accepteren met betrekking tot iets anders in het leven. Kun je je voorstellen dat je een auto hebt die slechts een keer in de tien dagen start? De essentie van het probleem is dat ze geen ander mogelijkheid zien.

Spirituele meesters als Amma zijn er om ons te laten weten dat er een ander mogelijkheid bestaat: Zelfkennis, je eigen aard realiseren. Ze vertellen ons dat we alleen door te weten wie we echt zijn, al het geluk verkrijgen waarnaar we in het leven verlangen. Dit is omdat het tijdelijke geluk en de vreugde die we ervaren door onze verlangens te vervullen, alleen van binnenuit in ons opwelt. Als we ons met die bron identificeren, zullen we nooit meer ook maar een druppeltje verdriet kennen.

Nu kan ik vol vertrouwen een van de gelukkigste momenten in je leven raden. Stel dat het tien uur 's avonds is en je naar bed gaat. Je moet 's ochtends om vijf uur opstaan om op tijd op je werk te zijn en dus zet je een wekker. Spoedig ben je in diepe slaap. Het volgende wat je weet is dat je om de een of andere reden wakker bent. De kamer is pikdonker. Je kunt niets zien en je weet niet zeker hoe laat het is. Het kan zijn dat je pas een uur geslapen hebt of het kan een minuut voor vijf zijn. Je zegt een schietgebedje en kijkt op je wekker. Het is half twaalf. Je kunt nog vijf en een half uur slapen! Dat is misschien het gelukkigste moment in je leven.

Waar gaat dit allemaal om? Tijdens slaap is er geen lekker eten. Er zijn geen vakantieoorden aan het strand, geen supermodellen, geen geld, geen naam of faam. Er zijn zelfs geen dromen. Helemaal niets. Maar toch weten we bij het wakker worden dat er niets gelukzaliger is. De heiligen en wijzen zeggen dat de herinnering aan deze ervaring van diepe slaap, dat we ons niets herinneren behalve dat we gelukzalig waren, het bewijs vormt dat alle geluk alleen van binnenuit komt. Het zijn alleen onze verlangens die het blokkeren. Ik herinner me dat iemand Amma eens vroeg hoe het was om gerealiseerd te zijn. Amma zei: "Het is als het ervaren van de gelukzaligheid van diepe slaap, alleen ben je helder wakker."

Bij Zelfrealisatie verblijven we eeuwig in die gelukzaligheid, ongeacht wat er in de buitenwereld gebeurt. Het is, in Amma's eigen woorden, "een gevoel van volledige volheid, waarbij je absoluut niets anders in het leven te winnen hebt; een realisatie die het leven perfect maakt." Dit is waar we als spirituele zoekers op uit zijn. En alleen door kennis, echt begrip over wie we zijn en wat we niet zijn, zullen we het bereiken.

De kenner kennen

Het Ātma kennen is een beetje lastig, omdat het geen object is. Daarom wordt Zelfkennis als de subtielste tak van kennis beschouwd. Bij al het andere dat we bestuderen, is het onderwerp dat we leren kennen een object. In de astronomie bijvoorbeeld bestudeer 'ik', het onderwerp, hemellichamen als object. In de geologie bestudeer 'ik', het onderwerp, rotsen als object. In scheikunde bestudeer ik chemicaliën enz. Maar wat er bij Zelfkennis bestudeerd wordt, is het subject zelf. Het subject kan voor ons nooit een object worden dat we met ons intellect kunnen begrijpen. De waarnemer kan nooit het waargenomene worden. Kan een oog zichzelf zien? Proeft de tong de tong? Onmogelijk.

Om dit te verklaren heb ik het volgende voorbeeld gehoord: Op een dag is er een stroomstoring. Een man die zich plotseling in het duister bevindt, grijpt naar zijn zaklantaarn. Hij doet hem aan en er komt een lichtstraal te voorschijn die de hele kamer verlicht. De straal is zo sterk dat de man echt onder de indruk is. "Wou! Wat een sterke en heldere lichtstraal!" zegt hij in zichzelf. "De batterijen van deze zaklantaarn moeten ongelooflijk zijn." Omdat hij het merk van de batterijen wil weten, besluit hij ze te verwijderen en ze met de zaklantaarn te beschijnen. Zodra hij dat doet, beseft hij natuurlijk zijn dwaasheid.

Niets wat we in het verleden hebben bestudeerd is zo. Het Ātma is niet hoorbaar als muziek, dus kunnen onze oren het niet horen. Het is niet iets met vorm of gestalte, dus zijn onze ogen nutteloos om het aan ons bekend te maken. Zo heeft het ook geen geur, smaak of gevoel. Het is helemaal geen object. Het is het subject. Per slot van rekening betekent Ātma letterlijk 'zelf'.

Bij alle andere dingen waarover we iets te weten komen, kunnen we daarna naar buiten gaan en ze ervaren. Dat is de gebruikelijke volgorde. We lezen bijvoorbeeld een boek over Jupiter. Het boek vertelt ons hoe we hem met de telescoop kunnen vinden. We wachten dan tot de duisternis gevallen is, gaan het dak op en zetten de telescoop in de juiste positie. Dan zien en ervaren we hem. Hetzelfde geldt voor muziek. Misschien lezen we in de krant over een vorm van muziek waarvan we nooit eerder gehoord hebben. Het interesseert ons en dan willen we het natuurlijk ervaren. Wat doen we dus? We gaan het internet op, kopen wat mp3 bestanden, downloaden die en luisteren ernaar. Dit is de volgorde bij objectieve kennis: eerst leren we er iets over, dan ervaren we het.

Maar Zelfkennis, subjectieve kennis, is helemaal niet zo, omdat *jij* per slot van rekening het brandpunt van de kennis bent, je eigen zelf. Stel je voor dat je in de krant over mensen leest en dan denkt: "Jeetje, deze mensen klinken echt interessant. Ik zou er graag een ontmoeten." Dan ren je naar buiten om er een te zoeken. Het is een belachelijk idee, nietwaar? Dus bij Zelfkennis leren we over iets wat we al ervaren[1], iets wat je hier en nu ervaart, als je deze zin leest. *Jij* bent het! Hoe kun je het ooit niet ervaren? Ons probleem is dus niet het ervaren; het is een probleem van begrijpen, van erkenning, van kennis.

Laat ik een voorbeeld geven. Ik weet zeker dat de meesten van jullie vertrouwd zijn met de *Star Wars* films. Over de hele wereld zijn ze bekend, inclusief India. Om eerlijk te zijn, ik heb ze zelf nooit gezien, maar een volgeling die een grote liefhebber ervan is, vertelde me het volgende incident. In de tweede film, *The Empire Strikes Back*, is een scene waar de hoofdpersoon, Luke Skywalker,

---

[1] Strikt gesproken is ervaren niet het juiste woord, omdat ervaren aangeeft dat er een object wordt ervaren. Amma en andere mahātma's gebruiken echter vaak het woord ervaren vanwege de beperkingen van de taal.

naar zijn guru Yoda zoekt. Om bij hem te studeren is Luke naar een verre planeet gegaan. Het probleem is dat Luke Yoda nooit eerder ontmoet heeft. Hij weet zelfs niet hoe hij eruitziet. Als hij op de planeet geland is, ontmoet hij een zeurend, grappig, groen schepseltje met grote oren. Luke is ongeduldig om zijn guru op te sporen en zijn leerling te worden. Maar dit schepseltje blijft hem lastig vallen, vertraging geven en hem irriteren. Uiteindelijk raakt Luke zo gefrustreerd dat hij begint te schreeuwen, met dingen begint te gooien en zijn lot vervloekt. Op dat moment maakt het groene schepsel zich bekend als de Yoda naar wie Luke zoekt. Luke had dus geen gebrek aan ervaring met Yoda. Wat hij miste was Yoda-kennis. Hetzelfde geldt voor ons en het Ātma. We ervaren het Ātma nú. We hebben het altijd ervaren en zullen het altijd ervaren. We hebben alleen iemand nodig die ons introduceert. Dat is de rol van de guru. De guru houdt de spiegel van het onderwijs in de geschriften omhoog, zodat we ons eigen gezicht kunnen zien. Op die manier stelt hij ons aan ons eigen Zelf voor.

Het probleem is dat we, hoewel we op het moment het Zelf ervaren, ook zoveel andere dingen ervaren, namelijk de innerlijke en de uiterlijke wereld. Daar komt nog bij dat we de dingen die in de innerlijke wereld plaatsvinden, onze emoties, herinneringen, gedachten en het ego, met het Zelf blijven verwarren. Het onderscheid is zo subtiel dat we alleen door de guru en de geschriften die over Zelfkennis gaan, kunnen hopen die te scheiden. Amma gebruikt vaak het voorbeeld van een hoop suiker die met zand vermengd is. Ze zegt dat het uiterst moeilijk en tijdrovend, zo niet onmogelijk, zou zijn, als iemand die met de hand moet scheiden. Maar een mier kan het gemakkelijk doen. Hier symboliseert de persoon iemand met een duf, niet verfijnd intellect en de mier symboliseert iemand die zijn intellect verfijnd heeft door spirituele oefeningen en Vedāntische studie en met de hulp van een levende meester. Amma noemt zo'n intellect viveka buddhi, een intellect dat onderscheid maakt. Om, bij wijze van spreken, de suiker van het zand te scheiden verschaffen de geschriften ons veel systematische methoden. Deze methoden zijn uiterst logisch en intellectueel bevredigend. Enkele hiervan zijn pañcha kosha viveka, onderscheid maken tussen de vijf lagen van een mens, sharīra traya viveka, onderscheid maken tussen de drie lichamen, avastha traya viveka, onderscheid maken tussen de drie mentale toestanden en drig drishya viveka, onderscheid maken tussen de waarnemer en het waargenomene. Dit zijn allemaal verschillende methoden van Zelfanalyse. We kunnen een algemene term gebruiken om naar al deze methoden te verwijzen Ātma anātma viveka, onderscheid maken tussen het Ātma en het anātma, onderscheid maken tussen het Ware Zelf en dat wat niet het Ware Zelf is.

Door deze methoden gaan we beseffen dat we alle dingen die we dachten te zijn, het lichaam, de emotionele geest en het intellect, in feite niet zijn. De essentiële aard van iets zijn de kenmerken ervan die nooit veranderen. Wetenschappers definiëren de essentiële aard van water als H_2O, een molecule dat bestaat uit twee atomen waterstof en een atoom zuurstof. Als je die formule ook maar een beetje verandert, bijvoorbeeld H_3O of H_2O_2, heb je geen water meer. Maar moet H_2O een vloeistof zijn? Nee, het kan bevriezen en is nog steeds water. Het kan ook in damp overgaan. Het kan ook iedere vorm aannemen: giet het in een rond drinkglas of een klein kopje. Je kunt het ook in de vorm van een olifant bevriezen en als decoratie bij een grootse maaltijd laten opdienen. Geen van deze wijzigingen verandert de essentiële aard van H_2O. Het is nog steeds water. Neem het mee naar India, Spanje, Japan of Engeland. Geen probleem. Noem het pāni, agua, mizu, water of verzin je eigen woord ervoor. Zolang het H_2O is, is het hetzelfde.

Als we naar het lichaam, de geest en het intellect kijken, zien we dat ze steeds veranderen. Zelfs onze lengte en ons gewicht fluctueren steeds. We kunnen ten strijde trekken en terugkomen met een arm of been eraf. Ons intelligentiequotiënt verandert. Evenals onze voorkeur en afkeer. Eten waar we als kind een hekel aan hadden, verorberen we nu. We kunnen het ene moment van iemand houden en hem het volgend moment haten. Onze intellectuele overtuigingen over zaken als religie, politiek, goed en verkeerd, alles verandert. Ons werk verandert en de plaats waar we wonen verandert. In de wereld van vandaag kan zelfs iemands geslacht veranderen. Dit betekent dat het lichaam, de emoties en het intellect allemaal oppervlakkige aspecten van ons wezen zijn. Ze zijn niet de onveranderlijke essentie, het Ātma.

Vraag iemand wie hij is en hij zal je alleen omschrijvingen over zijn lichaam geven. Hij zegt misschien dingen als: "Ik ben een man," "Ik ben 56 jaar," "Ik ben de zoon van die en die," "Ik werk op die en die fabriek." Als we naar deze beweringen kijken, is er één ding dat niet verandert: het ik. Het ik is constant. En de geschriften vertellen ons dat we, als we diep op dit ik ingaan, zullen zien dat de kern ervan onze eigen aard is. Amma zegt: "Dat naamloze, vormloze alles doordringende principe, dat in allen als het ik aanwezig is, is het Ātma, Brahman of God."

De aard van bewustzijn

Het Ātma heeft veel verschillende namen: brahman, purusha, paramātma, prajña, chaitanyam, nirguna īshvara. Maar de Veda's zelf zeggen: *ekam sat viprāha bahudhā vadanti*: de waarheid is één, de wijzen noemen het verschillend[2]. En al deze woorden die we opgesomd hebben, betekenen in essentie zuiver bewustzijn. Bewustzijn is onze ware aard. We leren door de geschriften dat

---

[2] Rig Veda 1,164,46

bewustzijn niet iets is wat verbonden is met het lichaam of de geest of geproduceerd wordt door het lichaam of de geest, maar toch doordringt het ze, verlicht ze en geeft ze leven. De aard van bewustzijn in het lichaam is die van de getuige, die getuige is van alle gedachten, gevoelens, emoties en ook hun afwezigheid. Daarom zeggen de geschriften:

yanmanasā na manute yenāhurmano matam |
tadeva brahma tvaṁ vidhi nedaṁ yadidam upāsate ||

Dat wat door de geest niet bevat kan worden, maar waardoor, zegt men, de geest bevat wordt, ken dat alleen als Brahman en niet dat wat de mensen hier aanbidden.

Kena Upanishad 1,6

Bewustzijn is niet beperkt tot de grenzen van het lichaam. Het lijkt alleen zo, omdat bewustzijn, dat zeer subtiel is, alleen waarneembaar is als het een reflecterend medium heeft zoals de geest of het lichaam. Om dit verschijnsel te verklaren wordt vaak het voorbeeld van licht[3] gebruikt. We kunnen licht alleen zien wanneer het door iets weerkaatst wordt, een muur, een gezicht, een hand. Daarom lijkt de kosmische ruimte, waar geen objecten zijn waardoor het licht weerkaatst kan worden, zwart d.w.z. zonder licht. Er is echter wel degelijk licht. De stralen van de zon die het leven op aarde verlichten, moeten door de kosmische ruimte reizen om hier te komen, maar omdat er geen reflecterend medium is, kunnen we ze daar niet zien. Hetzelfde geldt voor bewustzijn. Zoals we eerder gezegd hebben, kan bewustzijn zelf nooit het object van onze waarneming zijn. We kunnen het pas waarnemen wanneer het door een medium zoals het lichaam of de geest gereflecteerd wordt.

---

[3] In heel India wordt licht gebruikt als symbool van bewustzijn omdat beide verlichten wat anders verborgen zou zijn.

Men zegt ook dat bewustzijn eeuwig is, zonder begin en eind. Het is het enige wat eeuwig is. En omdat het niet inherent met het lichaam verbonden is, blijft het bestaan wanneer het lichaam sterft. Waarom lijken lichamen dan zonder bewustzijn te worden bij het overlijden? Dit is opnieuw omdat er niet langer een geschikt medium is om bewustzijn te reflecteren.

Dit betekent niet dat bewustzijn er niet langer is. Om dit uit te leggen geeft Amma vaak het voorbeeld van een plafondventilator. Ze zegt: "Als een gloeilamp doorbrandt of een ventilator ophoudt met draaien, betekent dat niet dat er geen elektriciteit is. Als we ophouden ons met een handwaaier koelte toe te wuiven, stopt de luchtstroom, maar dat betekent niet dat er geen lucht is. Of wanneer een ballon springt, betekent dat niet dat de lucht die in de ballon zat, niet meer bestaat. Die is er nog. Op dezelfde manier is bewustzijn overal. God is overal. De dood vindt plaats, niet door de afwezigheid van het Zelf, maar doordat het instrument dat wij lichaam noemen, kapotgaat. Op het moment van de dood houdt het lichaam op het bewustzijn van het Zelf te manifesteren. Dus de dood betekent de instorting van het lichaam en niet een onvolkomenheid in het Zelf."

Bewustzijn moet het lichaam wel blijven doordringen nadat het gestorven is, omdat de geschriften zeggen dat het overal aanwezig is. De waarheid is dat we niet een menselijk lichaam begiftigd met bewustzijn zijn, maar eerder bewustzijn begiftigd met een menselijk lichaam.

Om dit uit te leggen gebruiken de geschriften vaak het voorbeeld van totale ruimte tegenover de ruimte in een pot. Ruimte doordringt de hele kosmos. Maar als we een pot van klei nemen, noemen we de ruimte in de pot plotseling aparte 'potruimte'. In werkelijkheid heeft deze term geen betekenis. Het is de pot die zich in de ruimte bevindt, niet de ruimte die zich in de pot bevindt. Om dit te bewijzen moet je de pot op de grond smijten. Waar is de potruimte dan? Kun je zelfs maar zeggen dat hij in de totale ruimte is opgegaan? Nee, om te beginnen was er altijd slechts één ruimte. Zo is het ook met bewustzijn. Het is allesdoordringend. Op het moment ervaren we het als geassocieerd met ons kleine lichaam, maar dit is niet de uiteindelijke realiteit.

De wetenschap beschouwt bewustzijn traditioneel als een product van materie. Ze gelooft dat er een bewust wezen ontstaat, wanneer zuurstof door het bloed stroomt en het complexe en mysterieuze systeem dat we de hersenen noemen, stimuleert. Gepaard hieraan komt de angst dat alles voorbij is en het bewuste wezen voor altijd verdwijnt, wanneer de zuurstof ophoudt door het bloed te stromen en de hersenen haperend tot stilstand komen. Maar de heiligen en wijzen hebben altijd precies het tegenovergestelde gezegd: bewustzijn is geen product van materie, maar materie is een product van bewustzijn. Om het anders te zeggen: materie is niet de basis van bewustzijn, maar bewustzijn is de basis van materie. En met de komst van de kwantummechanica beginnen sommige wetenschappers deze bewering te onderzoeken. Een zo'n wetenschapper, een theoretische kernfysicus, Dr. Amit Goswami, die aan de Universiteit van Oregon in Amerika werkt, heeft studies gepubliceerd waarin hij schrijft: "Alle paradoxen van de kwantumfysica kunnen opgelost worden, als we bewustzijn als de basis van het bestaan accepteren."

Dit brengt ons bij ons volgende punt. Als bewustzijn, net als de ruimte, allesdoordringend is, is dan het bewustzijn achter mijn gedachten en gevoelens niet hetzelfde als het bewustzijn achter de gedachten en gevoelens van alle andere wezens in het universum? En als er zoiets als een God is, de schepper, instandhouder en vernietiger van het universum, zou mijn bewustzijn en Zijn bewustzijn dan niet hetzelfde zijn? En ten slotte: bewustzijn doordringt niet alleen het universum, het *is* het universum. Dat wil zeggen dat bewustzijn zelf de uiteindelijke bouwsteen van het universum is. Dit zijn enkele hoofdprincipes van Vedānta, die net als andere principes tijd, inspanning en langdurige studie vereisen om ze goed te begrijpen en in je op te nemen.

Drie fasen van de Vedāntische studie

De studie van Zelfkennis is in drie stappen verdeeld. Die worden shravana, manana en nididhyāsana genoemd, wat betekent luisteren naar het onderwijs, twijfels over het onderwijs wegnemen en het onderwijs assimileren.

Shravana

Shravana betekent letterlijk horen. De eerste stap is dus het luisteren naar de spirituele kennis. Er wordt niet gezegd lezen. Waarom horen en niet lezen? Omdat horen een levende guru vereist. De geschriften zeggen dat een levende guru essentieel is voor iemand die in Zelfkennis geïnteresseerd is. Juiste bestudering van de geschriften vindt op een systematische manier plaats. Die begint met de definitie van de verschillende termen en eindigt met de hoogste waarheid: *jīvātma paramātma aikyam*, het bewustzijn dat de essentie van het individu vormt, is hetzelfde als het bewustzijn dat de essentie van God vormt. Heeft een wiskundestudent kans op succes als hij zijn studie begint met calculuswiskunde? Zo is het ook bij Vedānta. We moeten bij het begin beginnen en vandaar verdergaan.

Alleen een levende guru kan het niveau van iedere student vaststellen en hoe goed hij ieder punt begrijpt. Hij reageert niet alleen op hen tijdens zijn lezingen, maar ook daarvoor en daarna, omdat de leerlingen traditioneel bij de guru in zijn āshram wonen. Zo kan de guru evalueren wat de zwakke en sterke punten zijn en in overeenstemming daarmee met hen spreken.

Zoals eerder gezegd is Zelfkennis de subtielste tak van kennis. "Subtieler dan het subtielste," zeggen de geschriften. Daarom moet studie een regelmatig onderdeel van ons dagelijks leven worden. Men kan geen precieze periode aangeven hoe lang men moet studeren, omdat het niveau van de studenten varieert. Maar heel vaak studeren mensen tientallen jaren Vedānta bij een leraar, zo niet langer. De geschriften en het onderwijs van onze guru moeten de structuur van ons leven worden.

Amma zegt dat shravana niet een vluchtig luisteren is. Het is een totaal, onverdeeld luisteren, waaraan je met je hele hart, je hele wezen meedoet. Het is een luisteren waarbij de geest van de leerling volledig geïdentificeerd raakt met de geest van de guru. Als dit gebeurt, vinden de gedachten van de guru die spreekt, letterlijk plaats in de geest van de leerling. Is dit niet de essentie van communicatie?

Gewoonlijk wordt er gezegd dat men eerst leerling geweest moet zijn om een guru te kunnen zijn. Dit is omdat Zelfkennis door het luisteren naar een levende guru ontstaat. En waar heeft die guru zijn kennis vandaan? Van het luisteren naar *zijn* guru. En waar heeft die guru zijn kennis vandaan? Van zijn guru. Zulke guru-leerlinglijnen, ofwel parampara's, kunnen honderden, zelfs duizenden jaren teruggevoerd worden. Men zegt zelfs dat alle echte parampara's bij God zelf beginnen, omdat God bij het begin van iedere scheppingscyclus als eerste guru fungeert en het onderwijs in de vorm van de Veda's bekendmaakt.

Maar in Amma hebben we een uitzondering. Amma heeft nooit een guru gehad, maar toch heeft ze alle benodigde kwalificaties om iemand naar bevrijding te leiden. Allereerst is Amma een brahma nishta, iemand die de hoogste waarheid over zichzelf en het universum volledig heeft geassimileerd en permanent daarin verblijft. Ten tweede is Amma in staat zelfs de subtielste spirituele waarheden duidelijk uit te leggen, hoewel ze nooit door een guru opgeleid is. Amma heeft de Bhagavad Gīta of de Upanishaden nooit bestudeerd, maar toch drukt ze met grote helderheid en veel inzicht precies dezelfde ideeën uit die in die heilige teksten gevonden worden. Amma is dus duidelijk een uitzondering op de regel.

We moeten niet aannemen dat wij ook een uitzondering zijn. Uitzonderingen zijn heel zeldzaam. Toen men Amma hiernaar een keer vroeg, zei ze: "Iemand met een aangeboren talent voor muziek kan misschien alle traditionele rāga's (toonladders) zingen zonder een speciale opleiding. Maar stel je voor dat iedereen rāga's zonder opleiding begon te zingen! Amma zegt dus niet dat een guru niet noodzakelijk is, alleen dat een paar zeldzame individuen die met een ongewoon grote mate van bewustzijn en opmerkzaamheid begaafd zijn, geen uiterlijke guru nodig hebben."

Soms kan een plant wonderbaarlijk op een droge rots wortel schieten, maar een boer zou gek zijn als hij daar met opzet zou zaaien.

Manana

De volgende stap bij het verkrijgen van ware kennis is manana, onze twijfels verwijderen. In dit stadium is een levende meester de enige uiterlijke steun voor een zoeker. We kunnen onze vragen niet aan een boek stellen. Als je naar de geschriften kijkt, zul je zien dat ze bijna allemaal in de vorm van vragen en antwoorden tussen een guru en een leerling zijn. In manana zorgen we ervoor dat we zelfs het kleinste aspect van wat we bij shravana geleerd hebben, kunnen begrijpen en accepteren. Het doel van manana is ons begrip perfect te maken. De leerling hoort voortdurend na te denken over wat de guru hem verteld heeft en het in zijn geest steeds te overpeinzen. Klopt het allemaal? Zo niet, dan moet hij de guru vragen het opnieuw uit te leggen. Niet alleen worden vragen aangemoedigd, ze zijn essentieel. De leerling moet in zijn leven voortdurend de waarheden toetsen die zijn guru beweerd heeft en zien of er leemtes in zitten. Zijn leven moet als een eeuwig wetenschappelijk experiment worden, waarin hij kijkt of de principes die hij geleerd heeft waar blijken te zijn, iedere keer dat hij handelt. Want alleen als we volledig overtuigd zijn dat het onderwijs correct is, kunnen we naar het volgende stadium overgaan: nididhyāsana ofwel assimilatie.

De leerling moet shraddha, geloof en vertrouwen, in de guru en het onderricht hebben. Ons testen moet voortkomen uit de houding dat het onderwijs een goddelijke bron heeft en daarom foutloos is. Onze vragen zijn helemaal aanvaardbaar, maar we moeten begrijpen dat ze door ons eigen onbegrip komen, niet door een fout in het onderwijs. Onze vragen moeten voortkomen uit een verlangen om te leren en beter te begrijpen, niet uit het verlangen de logica van de guru of de geschriften te overtreffen. De leerling moet begrijpen dat de guru oneindig veel meer kennis heeft dan hij en dat het probleem bij hem ligt, als er verwarring is. Helaas zijn velen van ons niet zo.

Een ingenieur in informatietechnologie besloot in het leger te gaan. Tijdens zijn eerste weekend werd hij naar de schietbaan gebracht en kreeg een geladen wapen. Men instrueerde hem om tien schoten af te vuren op het doel aan het einde van de baan.

Nadat hij meerdere schoten had afgevuurd, kreeg hij vanaf het andere eind van de baan te horen dat iedere schot het doel volledig gemist had. De ingenieur keek naar zijn geweer, dan naar het doel, keek opnieuw naar zijn geweer en dan weer naar het doel. Hij stak toen zijn vinger in de loop en haalde over. Natuurlijk werd zijn vinger er helemaal afgerukt. Hij vloekte en schreeuwde naar de andere kant van de schietbaan: "Wel, hier komt hij er goed uit. Het probleem moet dus aan jullie kant liggen."

Vaak zit onze logica vol van dergelijke fouten. Wij projecteren ten onrechte onze zwakheden, gebrek aan bewustzijn en onbegrip op de guru, zijn onderricht en de spirituele oefeningen waarvan hij gezegd heeft dat we ze moeten doen. Wanneer dit gebeurt, zijn wij degenen die lijden.

Zoals we in hoofdstuk 7 gezegd hebben, benadrukt Amma het ontwikkelen van de houding van een beginneling. Deze houding is heel belangrijk bij het stellen van vragen aan de guru. Wij moeten komen om onze twijfels op te lossen, niet met de houding om te debatteren. We moeten de houding van een kind hebben. Alleen iemand met zo'n houding kan horen wat de guru zegt en het in zich opnemen. Degene die komt om te debatteren, luistert niet echt wanneer de guru spreekt. Hij is bezig met het formuleren van zijn weerwoord. De geest kan slechts één ding tegelijk doen. Als we bezig zijn met het plannen van onze tegenargumenten, hoe kunnen we dan assimileren wat er op dat moment gezegd wordt?

Als we Vedānta goed bestuderen, verwijderen we eerst de twijfels die in ons opkomen. In deze fase zal de guru ons ook vaak vragen stellen, vragen waar we misschien nooit eerder aan gedacht hebben. Om de advocaat van de duivel te spelen kan de guru zelfs de argumenten van andere filosofieën aanhalen. En dit allemaal om ervoor te zorgen dat ons begrip van het onderricht stabiel en onwankelbaar is. Zoals eerder gezegd, zijn we pas klaar met manana wanneer iedere twijfel en gebrek aan helderheid over het Ātma van onze kant is opgelost. Pas dan zijn we klaar voor nididhyāsana, assimilatie van wat we geleerd hebben.

Nididhyāsana

Nididhyāsana is een zeer slecht begrepen onderdeel van het spirituele pad. Nididhyāsana betekent volledig assimileren wat we geleerd hebben en in overeenstemming daarmee leven. Laten we het voorbeeld nemen van een vreemde taal leren, laten we zeggen Malayālam. In de klas zegt de leraar: "Okay leerlingen, de eerste les vandaag is het woord pustakam. Pustakam betekent boek.

Eenvoudig luisteren naar de leraar die deze zin spreekt, is shravana. Het corrigeren van twijfels over hoe het woord uitgesproken of in een zin gebruikt wordt, is manana. Nididhyāsana is deze kennis zo grondig in de geest verankeren dat ik onmiddellijk aan een boek denk zodra ik het woord pustakam hoor. En dat ik ook onmiddellijk het woord pustakam denk, iedere keer als ik een boek zie. En als iemand me een boek geeft en pazham (banaan) zegt of me een banaan geeft en pustakam zegt, moet ik meteen weten dat hij een fout maakt. Alleen wanneer dit gebeurt, kunnen we zeggen dat de kennis volledig geassimileerd is.

Bij Zelfkennis leren we over de aard van ons eigen Zelf, het Ātma. Zoals we eerder in dit hoofdstuk besproken hebben, leren de geschriften ons dat onze ware aard eeuwig bewustzijn is en dat bewustzijn de bron van alle gelukzaligheid is. Verder is het bewustzijn in mij hetzelfde bewustzijn als in alle wezens, vanaf een nietige mier tot aan God toe. En uiteindelijk is dat bewustzijn de basis voor het hele universum. Als we dit geassimileerd hebben, moeten we niet lichaam, geest, intellect denken als we aan onszelf denken, maar bewustzijn. Als we met anderen omgaan, moeten we hen niet als gescheiden van ons zien, maar als één met ons, omdat we weten dat het bewustzijn in ons en het bewustzijn in hen één is. Als we naar de wereld om ons heen kijken, zien we nog steeds bomen, rivieren, gebouwen, dieren, auto's en bergen, maar we herinneren ons altijd dat ze in essentie alleen bewustzijn zijn. Dit zal in onze gedachten, woorden en daden weerspiegeld worden.

Op een keer reisde een guru te voet met zijn leerlingen. Er waren in totaal veertig leerlingen. Ze waren allemaal als de guru gekleed en droegen witte kleding en sjaals. Het hoofd en het gezicht van de guru waren glad geschoren, net als dat van de leerlingen. Door het uiterlijk was het absoluut onmogelijk de meester van zijn studenten te onderscheiden.

Het Tijdloze Pad

Een paar uur voor zonsondergang stopte de groep om zich te ontspannen. Weldra zaten de guru en zijn veertig leerlingen samen van een kop thee te genieten. Op dat moment kwam er een eenzame reiziger over de weg. Toen hij bij de akker kwam waar de guru en zijn leerlingen vertoefden, stond hij een moment stil en keek naar hen. Hij liep plotseling naar de guru toe en knielde voor hem. Toen hij aan de voeten van de guru lag, boog de guru voorover en zegende hem door hem met zijn hand aan te raken. Toen stond de man op, nam afscheid en vervolgde zijn weg.

Eén leerling die deze wisselwerking gezien had, kreeg onmiddellijk twijfel. "We zijn allemaal hetzelfde gekleed. We hebben allemaal een geschoren hoofd en gezicht. Toen die man naar ons toe kwam, bewees niemand van ons uiterlijk eer aan de guru. Hoe kon deze man hem onderscheiden van de rest van ons?" Met deze vraag in gedachten, zette hij zijn kop thee neer en rende de reiziger achterna.

Toen de jongeman de reiziger had ingehaald, drukte hij zijn twijfel uit. De reiziger glimlachte en zei: "Zodra ik jullie zag, wist ik dat jullie allemaal monniken waren. Maar, inderdaad, ik kon niet zeggen wie de guru was. Toen keek ik naar de manier waarop jullie je thee dronken. Bij veertig van jullie was er niets bijzonders te zien. Gewoon een groep mannen die van hun thee genieten. Maar toen mijn blik op jullie guru viel, zag ik iets heel anders. De manier waarop hij zijn kopje vasthield, herinnerde me aan de manier waarop een moeder haar kind vasthoudt. Het was alsof er in het hele universum geen voorwerp dierbaarder voor hem was. Het was helemaal niet alsof hij een levenloos voorwerp vasthield, maar God zelf, belichaamd in een metalen kopje. Toen ik dit zag was het volkomen duidelijk voor me dat hij de meester was. Daarom liep ik meteen naar hem toe en knielde voor hem."

De assimilatie van Zelfkennis transformeert ons radicaal. Want als we anderen als één met ons zien, op wie kunnen we dan kwaad worden? Op wie kunnen we jaloers worden? Voor wie kunnen we bang zijn? Wie kunnen we haten of vrezen? Zoals de geschriften zeggen:

yastu sarvāṇi bhūtānyātmanyevānupaśyati |
sarva bhūteṣu cātāmānaṁ tato na vijugupsate ||

Hij die alle wezens in het Zelf ziet en het Zelf in alle wezens, voelt geen haat dankzij die realisatie.

Īsha Upanishad 6

Shankarāchārya merkt op: "Dit is alleen een herformulering van een bekend feit. Want het is de ervaring dat afkeer bij iemand opkomt als hij iets als slecht en anders dan zichzelf ziet. Maar voor iemand die alleen het zuivere Zelf als een continue entiteit ziet, is er geen ander object dat de oorzaak van afkeer kan zijn. Daarom haat hij niet."

Zo ook, als we weten dat onze aard eeuwig is, welke grond is er dan om bang te zijn voor de dood? En ook, als we weten dat wij de bron van alle gelukzaligheid zijn, waarom zouden we dan allerlei zintuiglijke genoegens die de wereld te bieden heeft, achternarennen? We zijn volledig en tevreden zoals we zijn. We nemen nog steeds wat nodig is om het lichaam in stand te houden, voedsel, water, onderdak, maar we gaan niet de wereld in op zoek naar een bron van plezier, veiligheid, geluk of vrede. We zijn, zoals Krishna in de Bhagavad Gītā zegt, *ātmānyevātmanā tushtaha,* tevreden in het Zelf door het Zelf [4].

Om verschillende redenen geloven veel mensen dat nididhyāsana gedaan moet worden terwijl men 24 uur per dag in meditatie opgesloten zit, misschien in een grot in de Himālaya's. Maar dit is niet zo. Hoewel we nididhyāsana zeker zittend in meditatie met gesloten ogen kunnen doen, kunnen we het ook

---

[4] Bhagavad Gītā 2,55

de hele dag door doen: als we ons werk doen, als we tijd met ons gezin doorbrengen, als we met vrienden omgaan, als we eten, lopen en praten. We *kunnen* dit niet alleen doen, maar we *moeten* het doen. Dit is wat er bedoeld wanneer de geschriften ons zeggen constant te mediteren. Zoals we in hoofdstuk acht vermeld hebben, doet Amma de aanbeveling dat we bij iedere ademhaling onze mantra proberen te herhalen; daarmee bereiden we de geest op veel manieren voor op deze uiteindelijke voortdurende nididhyāsana.

In nididhyāsana verblijven we in het onderwijs, vestigen we ons erin. Dus men kan zeker zijn ogen sluiten, in een meditatieve gemoedsgesteldheid komen en de spirituele waarheden en hun afleidingen verklaren. Het zijn niet specifieke woorden die van belang zijn, maar de concentratie op een bepaald aspect van het onderwijs in Vedānta en het voortdurend verdiepen van de invloed op de geest. Uiteindelijk is het de bevestiging van dat wat we werkelijk zijn en onszelf daarin verankeren: in het allesdoordringende, eeuwige en gelukzalige bewustzijn. Het is tevens het verwerpen van dat wat we niet zijn: de beperkte, sterfelijke en door leed getroffen geest en lichaam. Het nididhyāsana proces is pas compleet wanneer er een volledige verandering in identificatie heeft plaatsgevonden: men ziet zichzelf niet langer als lichaam, geest en intellect begiftigd met bewustzijn, maar als bewustzijn dat als bijkomstigheid op dit moment 'begiftigd' is met een lichaam en geest. Dit begrip moet ons onderbewuste geheel doordringen.

Wanneer we in de wereld actief zijn, kunnen we deze lijn van denken voortzetten. Het wordt als de herkenningsmelodie van ons leven, een melodie die altijd op de achtergrond speelt. Ik herinner me dat iemand Amma vele jaren geleden vroeg hoe het mogelijk is je God te herinneren terwijl je handelt. We waren toen bij de backwaters en Amma wees naar een man in een klein bootje die wat eenden door de rivier leidde. Amma zei: "Dat is een zeer klein bootje. Maar terwijl de bootsman in dat bootje staat, houdt hij het toch in evenwicht, roeit hij met een lange roeispaan en leidt de eenden door de backwaters, en dat allemaal tegelijk. Door lawaai te maken door de roeispaan op het water te slaan leidt hij de eenden terug als ze afdwalen. Met tussenpozen rookt hij een sigaret. Indien nodig gebruikt hij zijn voeten om water dat in de boot komt, eruit te scheppen. Dan weer praat hij met mensen die op de kant staan. Maar terwijl hij al deze dingen doet, is zijn aandacht toch altijd bij de boot. Als zijn aandacht ook maar een moment afdwaalt, verliest hij zijn evenwicht, kapseist de boot en valt hij in het water. Kinderen, zo moeten wij in deze wereld leven. Wat voor werk we ook doen, onze geest moet op God gericht zijn. Door oefening is dit gemakkelijk te realiseren."

Wanneer we met de wereld omgaan, kunnen we de uitdagingen van het dagelijks leven gebruiken om de Vedāntische waarheden in ons te verlevendigen. Vergeet niet dat we altijd een Vedāntische reactie op een situatie in het leven zullen hebben, als we het onderwijs volledig geassimileerd hebben. We moeten altijd handelen in overeenstemming met de waarheid die de geschriften uitdrukken over onze goddelijke aard, de goddelijke aard van andere mensen en de goddelijke aard van de wereld. Amma geeft vaak het voorbeeld van iemand die kwaad op ons wordt en ons misschien begint uit te schelden. In plaats van te reageren en kwaad te worden denkt iemand die nididhyāsana beoefent: "Als het ik in mij hetzelfde is als het ik in hem, wie is er dan om kwaad op te worden? Hoe dan ook, zijn woorden beïnvloeden mijn ware aard als Ātma niet." Als we ons om de een of andere reden eenzaam beginnen te voelen, moeten we denken: "Als alle geluk echt in me is, wat voor reden is er dan om me gedeprimeerd en eenzaam te voelen?"

Steeds wanneer we een negatieve mentale respons hebben, moeten we die weerleggen en vernietigen door het onderwijs in Vedānta dat we hebben gekregen. Dit is het beoefenen van nididhyāsana in ons dagelijks leven. Als we dit goed in ons opgenomen hebben, zullen we niet bang of gedeprimeerd worden, ook al krijgen we een ongunstige diagnose van de dokter. We zullen dan kracht en moed putten uit de waarheid: "Dit lichaam is alleen maar een kledingstuk. Ik heb het aangetrokken en nu komt de tijd om het uit te trekken. Ik ben niet het lichaam. Ik ben eeuwig. Ik ben gelukzaligheid. Ik ben bewustzijn."

In hoofdstuk vijf hebben we verschillende karma-yogahoudingen besproken die gebruikt kunnen worden wanneer we handelen. Een houding die Amma graag suggereert is dat we onszelf zien als het instrument waarmee gehandeld wordt en niet als degene die handelt of degene die van de resultaten van het handelen geniet. Wanneer men aan het nididhyāsana-stadium in het spirituele leven begint, kan men deze houding nog steeds gebruiken wanneer men handelt. In nididhyāsana herinneren we ons, ook wanneer we handelen, dat we niet het lichaam, de emoties of het intellect zijn, maar zuiver bewustzijn. Wanneer we nu dus handelen, denken we op dezelfde manier, maar met slechts een kleine wijziging. We zien het lichaam en de geest als inerte instrumenten die met de wereld omgaan volgens de stroom van de kosmische energie, (de hand van de Heer), maar wijzelf zijn niet het lichaam, de geest of de kosmische energie maar zuiver bewustzijn dat al deze verschijnselen gadeslaat.

Op deze manier wordt ons hele leven een test. Iedere keer dat we in harmonie met Vedānta reageren, slagen we. Iedere keer dat we dat niet doen, herinnert het ons eraan dat er meer assimilatie van Vedānta vereist is. Reageren in harmonie met Vedānta mag niet alleen op lichamelijk en verbaal niveau zijn. Dit is belangrijk, maar het belangrijkst is het mentale niveau. Wanneer iemand ons beledigt, kunnen we uitwendig glimlachen, maar wat is de reactie in onze geest?

Twee jaar geleden kreeg een oudere āshrambewoner de diagnose terminale kanker. Hij was 79 jaar en had sinds 1987 in Amritapuri gewoond. De diagnose kwam voor iedereen als een verrassing. Toen die kwam, was de prognose duidelijk. Hij had misschien nog twee maanden te leven. Voor zijn laatste maanden verhuisde hij naar een kamer in het kleine Amrita Kripa Ziekenhuis in Amritapuri. In die tijd brachten honderden volgelingen en āshrambewoners hem een kort bezoek om afscheid van hem te nemen. Wat ze in de ziekenhuiskamer zagen was een stralend voorbeeld van Vedānta: een vrolijke, gelukkige man die zei dat zijn enige wens was om zonder uitstel weer geboren te worden om Amma en haar charitatieve missie te helpen. Hij was helemaal niet met zijn lichaam of zijn ziekte bezig. In plaats daarvan zei hij: "Deze ziekte biedt me de perfecte kans om al Amma's onderwijs in de praktijk te brengen." En zo bracht hij zijn laatste maanden door: hij begroette iedereen gelukzalig en dacht voortdurend na over de hoogste waarheid dat hij op geen enkele manier het lichaam was.

Amma zegt dat in dit opzicht het leven zelf vaak als guru dient. Maar terwijl het leven ons kan testen, zal Amma zelf ons ook van tijd tot tijd wat effectballen toegooien om te zien hoe alert we zijn. Ik herinner me dat er een vrouw uit het westen was aan wie Amma een spirituele naam gegeven had[5]. Haar belangrijkste spirituele oefening was op de manier die we besproken hebben. De naam die Amma haar gegeven had was ook erg in overeenstemming met Vedānta en gaf de ware aard van het Zelf aan. Laten we haar in dit boek de naam Sarvavyapini geven, wat de Allesdoordringende betekent. Toen besloot Amma op een dag een andere volgeling Sarvavyapini te noemen. Toen de eerste Sarvavyapini dit te weten kwam, werd ze woest. Ze kwam woedend en in tranen naar Amma en zei: "Toen Amma me die

---

[5] Op verzoek geeft Amma Westerlingen vaak een spirituele naam.

naam gegeven had, was het alsof ze met me getrouwd was. En door die naam aan iemand anders te geven, is het alsof ze een echtscheiding heeft aangevraagd." Toen Amma dit hoorde, moest ze wel lachen. Ze legde toen aan alle toegewijden om haar heen uit dat dit meisje Zelfonderzoek beoefende, waardoor we horen te begrijpen dat de aard van het Zelf allesdoordringend is en dat dit betekent dat het 'ik' in mij hetzelfde is als het 'ik' in jou. Maar toen Amma iemand anders Allesdoordringend noemde, werd ze kwaad. Hoe kunnen er twee 'Allesdoordringenden' zijn? Onmogelijk. Wat meer assimilatie was klaarblijkelijk vereist.

Voor volledige assimilatie mag er helemaal geen kloof zijn tussen onze kennis over wie we zijn en onze gedachten, woorden en daden. Als we teruggaan naar het voorbeeld van een vreemde taal leren, kunnen we zeggen dat iemand een taal alleen meester is wanneer hij die vloeiend met iedereen kan spreken, wanneer de woorden moeiteloos uit zijn mond komen. Zo iemand heeft geen onderbreking nodig om door het zinnenboekje te bladeren. Hij formuleert de zin niet eerst in zijn moedertaal om hem dan in gedachten in de nieuwe taal te vertalen, voordat hij spreekt. Het is een moeiteloze, continue stroom. Zo moet het ook met Zelfkennis gaan. Wanneer men een tweede taal echt beheerst en die zelfs de moedertaal vervangt, droomt men zelfs in die taal. Op dezelfde manier hoort nididhyāsana te culmineren in een bewustzijn van onze ware aard dat niet alleen in de waaktoestand gehandhaafd wordt, maar ook in de droomtoestand. Het hoort er zelfs in diepe slaap te zijn. Amma zegt dat dit haar ervaring is: dat zelfs wanneer ze slaapt, ze er getuige van is dat haar geest slaapt.

Hoe bepalen we onze vooruitgang

Amma zegt dat er maar twee manieren zijn waarop we onze spirituele vooruitgang kunnen bepalen: onze bekwaamheid om in uitdagende situaties gelijkmoedig te blijven en hoeveel compassie

De oorzaak van verdriet verwijderen

er in ons hart opwelt als we het verdriet van anderen zien. Dit is omdat dit de directe resultaten zijn van het assimileren van de twee hoofdstellingen van Vedānta. De eerste is het begrip dat onze ware aard bewustzijn is en de tweede is dat het bewustzijn in ons hetzelfde bewustzijn is als in alle anderen.

Als ik de eerste leerstelling goed geassimileerd heb, zal ik niet gespannen worden, wat er ook in het leven gebeurt. Ons banktegoed kan verloren gaan, onze geliefden kunnen ons verlaten, ons huis kan afbranden, we kunnen een fatale ziekte oplopen, we kunnen ons werk verliezen, wat het ook mag zijn, we verliezen onze mentale gelijkmoedigheid niet omdat we het onderwijs dat onze ware aard niet het lichaam of de geest is, maar eeuwig gelukzalig bewustzijn, helemaal in ons opgenomen hebben. Wat kan het bewustzijn schelen als het geen geld heeft? Wat kan het bewustzijn schelen als het huis afbrandt? Wat kan het bewustzijn schelen als het lichaam ziek wordt en sterft? Bewustzijn is eeuwig, allesdoordringend en altijd gelukzalig. Niets heeft er invloed op. En als we helemaal met bewustzijn geïdentificeerd zijn, zullen we nooit van streek raken wanneer zich ongunstige omstandigheden in de uiterlijke wereld voordoen. Ons vermogen om kalm te blijven wanneer de hel losbreekt, correspondeert met de mate waarin we deze waarheid geassimileerd hebben.

En als we de tweede leerstelling goed geassimileerd hebben, dat ons bewustzijn hetzelfde bewustzijn is als in anderen, hebben we compassie met andere mensen. Om dit uit te leggen gebruikt Amma gewoonlijk het voorbeeld van in je hand snijden. Als we in onze linkerhand snijden, schiet de rechterhand onmiddellijk te hulp: hij wast de wond, doet er zalf en een verband op. De rechterhand negeert de linkerhand niet met de gedachte: "O, het is de linkerhand maar. Wat kan mij het schelen wat ermee gebeurt?" Nee, hij weet dat hij onlosmakelijk met de linkerhand verbonden is, dat de linker en de rechterhand tot hetzelfde levende wezen behoren. En dus reageert hij dienovereenkomstig. Of als we per ongeluk met onze vinger in ons oog steken, hakken we de vinger niet af. De vinger wrijft het oog en kalmeert het. Als we dus eenmaal onze eenheid met alle anderen geassimileerd hebben, dan volgt daaruit dat we hun verdriet als ons verdriet beschouwen en hun vreugde als onze vreugde beschouwen. Hoe meer compassie we voelen wanneer we anderen zien lijden, des te meer hebben we deze waarheid geassimileerd.

Krishna legt dit aan Arjuna in de Bhagavad Gītā uit wanneer hij zegt:

ātmaupamyena sarvatra samaṁ paśyati yor'juna |
sukhaṁ vā yadi vā duḥkhaṁ sa yogī paramo mataḥ ||

Die yogi wordt als de hoogste beschouwd, Arjuna, die genoegens of pijn overal beoordeelt volgens dezelfde standaard als hij op zichzelf toepast.

Bhagavad Gītā 6,32

Amma zegt dat we als onderdeel van het assimilatieproces op zijn minst uiterlijk op de Vedāntische manier moeten reageren. Dat betekent dat we vol compassie moeten handelen, zelfs als we geen compassie voelen. Misschien voelen we de pijn van iemand die lijdt niet echt, maar we moeten handelen alsof we dat wel doen door hem op iedere mogelijke manier te helpen. Amma zegt dat verruimd handelen geleidelijk onze geest zal verruimen. Dit is ongetwijfeld een van de beweegredenen achter Amma's projecten om onbaatzuchtig te dienen. Amma helpt graag de armen, de zieken en de lijdende mensen, maar ze wil voor haar leerlingen en volgelingen ook gelegenheden creëren om zich met activiteiten bezig te houden die hun geest transformeren.

De oorzaak van verdriet verwijderen

Activiteit tegenover geen activiteit

Veel mensen geloven ten onrechte dat men in jñāna yoga alle activiteit op hoort te geven. Ook in oude tijden was deze verwarring er. In de Bhagavad Gītā zegt Krishna duidelijk tegen Arjuna:

kim karma kim akarmeti kavayo'pyatra mohitāḥ |

Wat is activiteit? Wat is geen activiteit? Over het antwoord zijn zelfs de wijzen in verwarring.

Bhagavad Gītā 4,16

Krishna verklaart dan dat met activiteit opgeven bedoeld wordt het idee opgeven dat men het lichaam-geestcomplex is, niet letterlijk proberen van activiteit af te zien. Krishna verklaart dit in een vers dat een beetje als een raadsel klinkt:

karmaṇya karma yaḥ paśyedakarmaṇi ca karma yaḥ |
sa buddhimān manuṣyeṣu sa yuktaḥ kṛtsna karma kṛt ||

Hij die inactiviteit in activiteit ziet en activiteit in inactiviteit,
hij is wijs onder de mensen, hij is een yogi en heeft alles bereikt.

Bhagavad Gītā 4,18

Dit betekent dat iemand met spiritueel begrip weet dat bewustzijn, iemands ware aard, altijd zonder activiteit blijft, ook al handelt het lichaam en denkt de geest. En omgekeerd begrijpt hij dat hij activiteit nog moet overstijgen, zolang hij zich nog identificeert met zijn geest en lichaam, ook al lijkt hij zonder activiteit te zijn, d.w.z. tijdens slaap, meditatie en wanneer hij stil zit.

Met betrekking tot de betekenis van de inactiviteit die men in het spirituele leven zoekt, besluit Krishna:

karmaṇyabhipravṛttopi naiva kiṁcit karoti saḥ ||

Hoewel hij bezig is met karma, doet de wijze echt niets.

Bhagavad Gītā 4,20

De misvatting dat het hoogtepunt van het spirituele leven is dat men in een catatonische toestand zit of een nietsnut is, is iets wat Amma haar hele leven heftig bestreden heeft. Ze doet dit in haar lezingen waar ze regelmatig de spot drijft met zogenaamde Vedāntins die verkondigen *aham brahmāsmi* "ik ben Brahman" maar wel klagen als ze hun maaltijden en thee niet op tijd krijgen. Ze noemt zulke Vedāntins boekenworm-vedāntins. Niet alleen is hun kennis beperkt tot boeken, maar ze vernietigen door hun schijnheiligheid ook de ziel van die boeken. Een echte Vedāntin moet niet alleen praten, maar doen waarover hij praat.

Zonder de leiding van een goede guru kunnen we gemakkelijk het slachtoffer worden van ons slimme ego en de geschriften manipuleren om ze in overeenstemming met onze voorkeur en afkeer te brengen. Een priester werd gepakt omdat hij te snel reed. Toen de politieagent naar hem toeliep, citeerde de priester: "Gezegend zijn de genadigen, want zij zullen genade verkrijgen."

De agent overhandigde hem de bon en citeerde terug: "Ga heen en zondig niet meer."

Amma zegt dat een ware kenner van het Ātma nederiger dan de nederigsten is, omdat hij inherente goddelijkheid in alles ziet. Is dit niet wat we in Amma zien? Tijdens Devi Bhāva strooit ze over iedereen bloemblaadjes uit. Waarom? Wij zien het als een vorm van zegen, maar in Amma's ogen aanbidt ze eenvoudig God: ze offert bloemen aan duizenden manifestaties van God. Toen een reporter haar eens vroeg of ze door haar volgelingen aanbeden werd, zei Amma: "Nee, nee. Het is andersom. Ik aanbid hen." Het begrip "niet alleen ik ben Brahman, maar ieder ander is dat ook" is de uiteindelijke bron van Amma's nederigheid. Daarom zien we Amma voortdurend knielen en buigen: voor dingen die haar worden aangeboden, voor haar volgelingen en bezoekers, voor een kopje water dat wordt aangereikt, voor alles. Helaas zien we veel misleide zoekers die steeds arroganter worden met iedere Upanishad die ze bestuderen. Dit is niet de fout van de geschriften, maar van de zoekers. Amma grapt soms dat als we een Vedāntin die alleen maar mooi praat, een Vedāntin noemen, dat hetzelfde is als een kreupele Nātarāja noemen of een scheelkijkende vrouw Ambujākshi[6].

Ik herinner me dat een nieuwe brahmachāri Amma eens vroeg of er een moment komt dat men het besluit moet nemen om op te houden met handelen of dat handelen natuurlijk en vanzelf wegvalt. Om het wanbegrip van de jongeman volledig recht te zetten zei Amma: "Shri Krishna hield nooit op met handelen en ook Amma niet. Het is niet de activiteit die opgegeven wordt, men moet het idee opgeven dat men het lichaam is dat handelt."

Maar Amma bestrijdt deze misvatting meer door haar leven dan met woorden. In Amma zien we iemand die de hoogste kennis uitstraalt met ieder woord, blik en gebaar. Haar kennis is onberispelijk. Voor Amma is er niets anders dan goddelijke gelukzaligheid. De bergen, hemel, zon, maan, sterren, mensen, dieren en insecten zijn voor Amma allemaal verschillende lichtstralen die weerkaatst worden van het oneindig aantal facetten van de diamant van bewustzijn, waarvan ze weet dat het haar Zelf is. Als Amma zou willen, kon ze gemakkelijk haar ogen sluiten en de kleinigheden negeren die wij als naam en vorm kennen. Ze zou die als even onbelangrijk kunnen zien als de veranderende vormen van de wolken aan de oneindige hemel. Maar dit heeft ze nooit gedaan en dat zal ze nooit doen. In plaats daarvan komt

---

[6] Dit zijn gebruikelijke Indiase namen. Nātarāja is een naam van Shiva en betekent Heer van de Dans. Ambujākshi is een naam van Devi en betekent Met Lotusogen.

ze naar beneden naar het niveau van degenen die haar begrip nog moeten ontwikkelen. Ze houdt ons vast, droogt onze tranen af, luistert naar onze problemen en langzaam maar zeker tilt ze ons op. Voor Amma is zulke activiteit helemaal geen activiteit. Hoewel ze ieder moment van haar leven aan het helpen van de mensheid wijdt, weet Amma in haar hart dat ze zonder activiteit is, steeds was en altijd zal zijn. Voor Amma is dit Vedānta.

Hoofdstuk 10

Bevrijding in dit leven en hierna

Jīvanmukti is niet iets wat je pas na de dood bereikt, noch hoef je het in een andere wereld te ervaren of te krijgen. Het is een toestand van perfect bewustzijn en gelijkmoedigheid, die hier en nu in deze wereld ervaren kan worden, terwijl men in het lichaam leeft. De gezegende zielen die de hoogste waarheid van eenheid met het Zelf zijn gaan ervaren, hoeven niet herboren te worden. Ze gaan in het oneindige bewustzijn op.

Amma

Als we Ātma jñāna eenmaal volledig geassimileerd hebben, hebben we het hoogtepunt van het spirituele leven bereikt, het totaal transcenderen van alle verdriet. Omdat we begrijpen dat we niet het lichaam, de geest of het intellect zijn, maar het alomtegenwoordige, eeuwige, gelukzalige bewustzijn, is er geen reden meer om te lijden onder allerlei mentale kwellingen die de vloek van de mensheid zijn. Als we begrijpen dat ons Zelf de bron van alle gelukzaligheid is, wat willen we dan nog? Als we allen als een uitdrukking van ons eigen Zelf zien, wie is er dan om kwaad op te worden? Op wie kunnen we jaloers worden? Er is helemaal geen misvatting omtrent de wereld meer. We zijn voor altijd vrij en gelukzalig. Deze verandering in identificatie moet blijvend worden. Daarna kunnen we onszelf of de wereld nooit meer zo zien als tevoren. Ons oog van wijsheid is geopend en kan nooit meer gesloten worden.

Het is bijna als die trucplaatjes, die een plaatje verborgen houden in een plaatje. Eerst zien we alleen het voor de hand liggende plaatje, laten we zeggen een bos. Ook al doen we nog zo ons best, we kunnen het gezicht van de man tussen de bomen niet zien. Andere mensen staan achter ons en zeggen: "Wat bedoel je, dat je het niet kunt zien. Daar is het!" Maar toch is het bos het enige wat we zien. We proberen en proberen en proberen, maar toch kunnen we alleen maar bomen zien. En dan plotseling zien we het: het gezicht van een man. Van dan af zien we het gezicht van de man tussen de bomen, iedere keer dat we naar het plaatje kijken. Dan komt er een nieuw iemand en probeert het te zien, maat het lukt hem niet. En nu behoren wij tot de groep die achter hem staat en zegt: "Kom op. Het is zo duidelijk. Daar is het. Zie je het niet?" Zo is het met Zelfrealisatie. Als de kennis eenmaal volledig geassimileerd is, is er geen weg terug. We zijn voor altijd vrij en vredig. Deze toestand wordt jīvanmukti genoemd, bevrijding terwijl men nog in leven is.

Jīvanmukti is een verandering in ons begrip, niet in de uiterlijke waarneming. Men ziet de dualistische wereld nog steeds: de bergen, rivieren, bomen, oude mensen, jongen mensen, mannen, vrouwen, maar het inzicht dat zulke entiteiten slechts veranderende namen en vormen zijn op de eeuwige basis van zuiver bewustzijn, blijft altijd bewaard. Het is precies als met het plaatje in het plaatje. Het is niet zo dat we de bomen niet meer kunnen zien als we het gezicht eenmaal zien. We zien die nog steeds prima, maar het gezicht van de man is er ook altijd en staart ons aan. Amma vergelijkt deze visie vaak met hoe men zich er altijd van bewust blijft dat alle soorten gouden juwelen in essentie alleen goud zijn. We hebben dit inzicht, maar toch herinneren we ons de functie van ieder juweel. De teenring gaat om de teen, de enkelbanden om de enkels, de halsband om de hals, de armbanden om de pols, de oorringen in de oren en de neusring in de neus. Bovendien beschouwen we ze allemaal als kostbaar en behandelen we ze met de grootste zorg, omdat we weten dat ze allemaal van goud zijn. Is dit niet wat we in Amma zien? Ze ziet alle verschillen tussen ons en heeft verschillende manieren om met ons om te gaan die gebaseerd zijn op onze persoonlijkheid en mentale conditie, maar toch ziet ze in ieder van ons steeds het goud. In haar visie is ieder van ons even kostbaar. Dit is de visie waarmee een jīvanmukta de wereld om zich heen ziet.

Deze visie van een jīvanmukta wordt gepresenteerd in het vers van de Bhagavad Gītā dat traditioneel voor het eten gereciteerd wordt:

brahmārpaṇaṁ brahma havir brahmāgnau brahmaṇā hutaṁ |
brahmaiva tena gantavyaṁ brahmakarma samādhinā ||

De offerlepel is Brahman, de offergave is Brahman, door Brahman geofferd in het vuur dat Brahman is. In Brahman gaat hij op die alleen Brahman in zijn handelen ziet.

Bhagavad Gītā 4,24

Het mooie van dit vers is dat men door de beeldspraak van een Vedisch ritueel laat zien dat alle elementen van iedere handeling alleen bewustzijn zijn: het instrument van de handeling (hier de lepel), het object van de handeling (de offergave zelf), het subject van de handeling (degene die de offergave aanbiedt), de plaats van de handeling (de vuurkuil) en het resultaat van de handeling (de verdienste van het aanbieden van de offergave). Het is de bedoeling dat we deze visie uitbreiden naar alle instrumenten van de handeling, objecten van de handeling, subjecten van de handeling, plaatsen van de handeling en resultaten van de handeling, d.w.z. naar ieder aspect van alles wat onder de zon plaatsvindt. We reciteren dit vers voor het eten als een vorm van nididhyāsana om ons eraan te herinneren dat de lepel Brahman is, het voedsel Brahman is, de eter Brahman is, het spijsverteringssysteem Brahman is en de voldoening die door het eten verkregen wordt ook Brahman is. Miljoenen mensen over de hele wereld reciteren deze mantra iedere keer dat ze voor een maaltijd gaan zitten, maar hoeveel denken er werkelijk na over de betekenis? Met een beetje bewustzijn worden zulke mantra's een krachtig middel om ons de glorie van onze ware aard te herinneren.

Een voorbeeld ter inspiratie

Wij, als Amma's kinderen, zijn zeer bevoorrecht dat we in Amma een levend voorbeeld van een gerealiseerde ziel hebben. Ieder woord en iedere handeling van Amma kan ons herinneren aan het hoogste doel in het leven en ons daartoe inspireren. Als een kind in een buurt opgroeit waar niemand ooit tot iets is opgeklommen, dan is het voor hem erg moeilijk om te geloven dat hij tot iets kan opklimmen. Maar als iemand in die buurt uit het patroon losbreekt en bijvoorbeeld president van het land wordt, wordt dat een grote bron van inspiratie voor iedereen die daar woont. Het is bijna als Roger Bannister die de mijl in vier minuten liep. Vóór Bannister was er een algemeen geloof dat niemand de mijl in vier minuten kon lopen. Maar nadat Bannister dat in 1954 gedaan had, volgde spoedig een aantal mensen zijn voorbeeld. We moeten dus nooit de kracht van levende voorbeelden onderschatten.

Daarom transformeert eenvoudig het *zien* van een verlicht iemand ons. En zeker als we Amma zien en observeren – de liefde die ze uitstraalt, het mededogen in haar glimlach, de tederheid in haar blik – vindt er een verandering plaats. Omdat we oog in oog komen met het levende bewijs van ons volledige vermogen. Wie kan het ons verwijten als we geloven dat Zelfrealisatie de onzin van een mythe is, totdat we iemand als Amma zien?

In Amma zien we iemand die de volledige vruchten van Ātma jñāna leeft: geen kwaadheid, geen haat, geen jaloezie, geen egoïstische verlangens, alleen mededogen met iedereen en vrede en geluk ongeacht de uiterlijke situatie. Dit zijn allemaal de directe gevolgen van haar kristalheldere begrip over wie ze is en wat ze niet is.

Echte Vrijheid

In deze tijd spreken veel mensen over vrijheid. Niemand wil te horen krijgen wat hij moet doen. We willen komen en gaan zoals we willen. We willen beslissen wat voor kleren we dragen, hoe we ons haar knippen, wat voor vrienden we hebben, met wie we trouwen, van wie we scheiden enz. In zekere zin kunnen we de onafhankelijkheid om zulke keuzen voor onszelf te maken vrijheid noemen. Maar zijn we echt vrij? Als we zorgvuldig kijken, zien we dat het individu dat al die persoonlijke keuzen maakt, slechts een slaaf is van zijn voorkeur en afkeer. Als onze werkelijke aard voorbij de geest is, is het dan niet een beetje vreemd dat we de geest ons leven laten leiden?

Amma wijst erop dat we misschien vrij zijn om volgens onze voorkeur en afkeer te handelen, maar dat we niet vrij zijn om op de resultaten van die handelingen te reageren zoals we willen. We zijn bijvoorbeeld vrij om ons haar in een hanenkam te knippen en het paars te verven, maar als iedereen om ons lacht, hebben we dan nog de vrijheid om te beslissen hoe we reageren? Nee, we voelen ons bedroefd, kwaad of verlegen. We missen de vrijheid om met vreugde op spot te reageren. Daarom zegt Amma dat onze vrijheid op zijn best beperkte vrijheid is. Een jīvanmukta is echter vrij om te beslissen hoe hij handelt en hoe hij op de resultaten van zijn handelingen reageert.

Ik herinner me dat Amma in dit kader eens een grap vertelde. Toen ze enkele Amerikaanse volgelingen voor darshan zag komen met hun haar in een hanenkam, zei ze: "Oude mensen zien het wilde kapsel van de jonge mensen en lachen. Jonge mensen zien het traditionele kapsel van oudere mensen, zoals het dragen van een kwastje, en lachen erom. Maar zowel jonge als oude mensen lachen wanneer ze het geschoren hoofd van een sannyāsi zien. Dus in het spirituele leven moeten we als een geschoren hoofd worden: onszelf opofferen voor het geluk van anderen."

Alleen wanneer we jīvanmukti bereiken en ons niet meer met de geest identificeren, kunnen we echt zeggen dat we vrij zijn. In die toestand hebben de indrukken uit het verleden geen grip meer op ons. Het is niet zo dat we als een idioot worden die zich niet kan herinneren dat vuur brandt. Integendeel, we zijn in staat iedere ervaring met een frisse, onbevooroordeelde instelling te ondergaan. En wat we in zulke mensen zien is dat hun leven niet langer gericht is op het verwerven van dingen voor zichzelf, maar op het verwerven van dingen voor anderen, op geven in plaats van nemen. Voorheen werkten we voor ons eigen materiële profijt, nu werken we gelukzalig voor anderen. Eerst volgden we dharma als onderdeel van onze weg naar bevrijding. Nu volgen we dharma om een stralend voorbeeld te zijn om de wereld te leiden, om vrede en geluk aan anderen te geven. Krishna zegt:

saktaḥ karmaṇyavidvāṁso yathā kurvanti bhārata |
kuryādvidvāṁstathāsaktaḥ cikīrṣurloka saṁgraham ||

Zoals de onwetende handelt uit gehechtheid aan activiteit, Arjuna,
zo moet de verlichte zonder gehechtheid handelen uit verlangen naar het welzijn van de wereld.

Bhagavad Gītā 3,25

Amma zegt dat ze zich vanaf haar geboorte volledig bewust geweest is van haar goddelijke aard en we zien dit weerspiegeld in haar handelingen. Nooit heeft iemand een individu gezien dat meer in overeenstemming met dharma leefde. Zelfs als klein meisje diende ze de zieken en de armen. Ze nam zo min mogelijk van de wereld en gaf zo veel mogelijk. En nu is haar hele leven niet alleen gewijd aan het persoonlijk zegenen van mensen door haar darshan, maar ook aan het leiden van een internationale vrijwilligersorganisatie. Ze is verantwoordelijk voor charitatieve ziekenhuizen, verpleeghuizen, weeshuizen, bejaardenhuizen, onderwijsinstellingen, huizen voor daklozen, welzijnsplannen, medische kampen, rampenhulp... de lijst is eindeloos. Dit komt niet voort uit een lege ruimte in Amma die ze probeert op te vullen door goede daden te verrichten, maar uit het onbaatzuchtige verlangen om de wereld door haar voorbeeld te inspireren. Zo brengt de jīvanmukta de rest van zijn leven door: vol geluk probeert hij zijn medemens te dienen en te verheffen. Wanneer iemand helemaal begrijpt dat alle gelukzaligheid die hij in de uiterlijke wereld gezocht heeft, van binnen komt, betekent dat niet dat hij ophoudt met handelen. Het betekent alleen dat hij ophoudt met handelen om gelukkig te worden. Als je eenmaal begrijpt dat je pen niet zomaar een ganzenveer is, maar een vulpen met zijn eigen inktreservoir, ga je dan door hem in de inktpot te stoppen? Natuurlijk niet. Maar je gaat wel door met schrijven. Zo gaat het ook met de jīvanmukta.

Videha mukti

De geschriften vertellen ons dat een jīvanmukta die het einde van zijn leven bereikt, videha mukti bereikt. Videha mukti betekent vrijheid van het lichaam. Om dit goed te begrijpen moeten we eerst kijken naar wat er bij de dood gebeurt met iemand die Zelfrealisatie niet bereikt heeft.

De heiligen en wijzen zeggen ons dat de loop van het huidige leven en de toekomstige levens van een mens bepaald wordt door het resultaat van zijn handelingen. Amma zegt dat er steeds twee resultaten zijn wanneer we handelen: een zichtbaar resultaat en een onzichtbaar resultaat. Het zichtbare resultaat komt in overeenstemming met de wetten van de samenleving, de natuur, de natuurkunde enz. Het onzichtbare resultaat manifesteert zich op grond van subtielere wetten en is gebaseerd op de motivatie achter ons handelen. Als de motivatie edel en onbaatzuchtig was, dan is het onzichtbare resultaat punya, een positief resultaat. Als de motivatie laaghartig, zelfzuchtig en schadelijk voor anderen was, dan is het resultaat pāpa, negatief. De zichtbare resultaten komen min of meer meteen. Het begin van de onzichtbare resultaten kan niet berekend worden. Ze komen wanneer het hun uitkomt, misschien in dit leven, misschien in het volgende, en verschijnen als gunstige of ongunstige omstandigheden.

Laat ik een voorbeeld geven. Als ik iemand duw, is het zichtbare resultaat dat hij beweegt in de richting waarin ik hem duw. Laten we zeggen dat ik die man de trein uitduwde omdat ik hem wilde verwonden. In dit geval was het motief laaghartig en te zijner tijd zal het zeker een negatief resultaat voortbrengen. Misschien dat iemand mij in een toekomstig leven van een rijdende trein zal duwen. Als ik daarentegen de man uit de trein had geduwd omdat de trein op het punt stond te ontploffen en ik zijn leven wilde redden, dan hebben we een nobele daad en dit zal te zijner tijd een positief resultaat geven. Misschien redt iemand mij op een dag ook uit het gevaar.

Ons hele leven lang worden deze handelingen opgeslagen. Amma zegt: "Tijdens ons leven worden al onze gedachten en handelingen opgenomen op een subtiel omhulsel, dat als een bandrecorder functioneert. In overeenstemming met de indrukken die men in zijn leven verzameld heeft, neemt de jīva (individuele ziel) een nieuw lichaam aan en in dit leven worden de gevolgen van de opgenomen indrukken opnieuw afgespeeld."

Dit opgeslagen karma wordt in drie categorieën verdeeld: prārabdha karma, sañchita karma en āgāmi karma. Sañchita karma is onze hele voorraad karma, goed en slecht. Het omvat de indrukken van handelingen die we in ontelbare levens verricht hebben. Prārabdha karma is dat gedeelte van het karma dat uit het sañchita karma is geselecteerd om in dit leven te ervaren. Het is ons prārabdha karma dat bepaalt waar we worden geboren, bij welke ouders, wie onze broers en zussen zijn, wat ons uiterlijk is enz. Het bepaalt ook wanneer en hoe we zullen sterven. Āgāmi karma is het resultaat van de handelingen die we in dit leven verrichten. Een deel hiervan kan in dit leven vrucht dragen, wat overblijft gaat bij onze dood op in het sañchita karma.

Als we deze cyclus onderzoeken, kunnen we gemakkelijk zien dat er geen eind aan komt. Er kan geen sprake van zijn al je karma uit te putten, omdat je iedere dag voortdurend nieuw karma creëert. Dus spreken over 'al je karma verbranden' is in dit opzicht niet juist. Dat kan nooit gebeuren. Het pad van een niet verlichte ziel is een eeuwige cyclus van geboorte en dood, die de cyclus van samsāra genoemd wordt.

De jīvanmukta kan echter karma transcenderen. De cyclus kan nog steeds doorgaan, maar hij springt er als het ware uit. Dit komt doordat hij zich niet langer met het lichaam, de geest en het intellect identificeert, maar met bewustzijn. In bewustzijn is geen ego, geen besef dat men een aparte persoonlijkheid is, die iets doet en van iets geniet. Punya en pāpa, verdienste en zonde, worden alleen geschapen wanneer men van het standpunt van het ego functioneert. Dus zodra men Zelfrealisatie bereikt, houdt men op nieuw karma op te stapelen.

In tegenstelling tot de rest van ons neemt de jīvanmukta na zijn dood geen nieuw leven aan. Omdat de jīvanmukta zich al met het allesdoordringende bewustzijn identificeert terwijl hij nog in het lichaam is, is er geen plaats waar hij bij de dood heen kan. Hij gaat gewoon in de hoogste realiteit op, waarmee hij al geïdentificeerd was. Hoewel hij nog een eeuwigheid aan karma in zijn sañchita voorraad kan hebben, heeft de sañchita geen doel meer dat het kan treffen. Het doel is verdwenen. Als je wakker wordt, moet je dan leningen terugbetalen die je in je droom hebt afgesloten? Natuurlijk niet. Hetzelfde geldt voor sañchita karma bij de dood van het lichaam van de jīvanmukta.

Dan blijft er alleen prārabdha karma over. Volgens de geschriften blijft de jīvanmukta tot zijn dood prārabdha karma ervaren. Om dit begrip uit te leggen gebruikt Amma vaak het voorbeeld van de plafondventilator: zelfs als we hem uitschakelen, blijft hij een tijdje ronddraaien. Het is alleen dankzij prārabdha karma dat men überhaupt blijft leven. Het is onze prārabdha dat min of meer de tijd en oorzaak van onze dood bepaalt. Onze laatste ademhaling komt wanneer het uitgeput is. Maar de jīvanmukta wordt dankzij zijn identificatie met bewustzijn en niet met het lichaam, niet erg beïnvloed door welke prārabdha dan ook. Lichamelijke pijn is lichamelijke pijn en dit zal hij moeten ondergaan, maar omdat hij weet dat hij niet het lichaam is, wordt de pijn in grote mate verlicht. Amma zegt dat hij verder de mogelijkheid heeft om de zintuigen naar believen terug te trekken.

Als we naar ons eigen leven kijken, kunnen we zien dat lichamelijke pijn niet de ergste oorzaak van ons lijden is. Het is vooral de emotionele pijn die met de lichamelijke pijn gepaard gaat, de vrees, de spanning en de zorgen. Laten we zeggen dat we op een dag aangevallen worden, terwijl we van ons werk naar huis lopen. De aanvaller slaat ons op het hoofd en steelt onze portemonnee. De lichamelijke pijn is niet zo erg. Binnen een paar dagen zijn we beter. Maar de angst kan jaren in ons blijven leven, misschien ons hele leven. Of misschien krijgen we de diagnose dat we een dodelijke ziekte hebben. Het kan jaren duren voordat de ziekte serieuze uiterlijke symptomen begint te vertonen, maar de vrees en spanning over de toekomst kunnen ieder uur dat we wakker zijn aantasten, wat onze mogelijkheid om van het leven te genieten ondermijnt. De jīvanmukta ervaart dus de pijn van het moment, maar niet de angst en vrees die eraan voorafgaan en die erop volgen.

Als we het van een andere hoek bekijken, kunnen we ook zeggen dat er geen prārabdha voor een jīvanmukta is. Hoe kunnen we dit zeggen? Omdat de jīvanmukta zichzelf op geen enkele manier als het lichaam beschouwt. Hij beschouwt zichzelf uitsluitend als eeuwig, gelukzalig bewustzijn. Er is geen prārabdha karma voor bewustzijn, het is er nooit geweest en zal er nooit zijn. Voor iemand die zich werkelijk met het Ātma identificeert, kan er geen sprake zijn van bevrijding of gebondenheid. Het klinkt nogal vreemd, maar in Ātma jñāna realiseert men dat men om te beginnen nooit gebonden was. Bewustzijn kan nooit gebonden zijn. Het was alleen de geest die gebonden was en de jīvanmukta is gaan begrijpen dat hij de geest niet is en het nooit geweest is. In dit opzicht bestaat het onderscheid tussen jīvanmukti en videhamukti alleen vanaf het perspectief van degenen die Zelfrealisatie nog moeten bereiken. Iemand die Ātma jñāna bereikt heeft, begrijpt dat hij vrij van het lichaam is, zelfs wanneer het lichaam nog in leven is. Voor hem zijn alle lichamen hetzelfde. Hij identificeert zich niet meer met 'zijn' lichaam dan met dat van iemand anders. Zoals hij het ziet, is hij niet in het lichaam, maar zijn alle lichamen in hem. Dit is wat Amma bedoelt wanneer ze zegt: "Deze zichtbare vorm noemen de mensen Amma of Mata Amritanandamayi Devi, maar het erin verblijvende Zelf heeft geen naam of adres. Het is overal aanwezig."

Wij zullen allemaal dit inzicht krijgen. Hiervoor hebben we de belofte zowel van Amma als van de geschriften. Amma zegt: "Het is alleen een kwestie van tijd. Bij sommigen is deze realisatie al gebeurd. Bij anderen kan het ieder moment gebeuren. En bij weer anderen zal het later gebeuren. Omdat het nog niet gebeurd is en misschien ook niet in dit leven zal gebeuren, moet je niet denken dat het nooit zal gebeuren. Onmetelijke kennis wacht in je op jouw toestemming om zich te ontplooien."

Er is niets kostbaarder dan de aanwezigheid en het onderwijs van een levende sadguru als Amma. In dit opzicht zijn de levens van ons allemaal doordrongen van genade. Hoeveel we van die genade gebruik maken, is aan ons. Onze toestemming om ons te ontplooien is onze oprechtheid: onze inspanning om onze geest op Amma af te stemmen, om ons leven aan Amma te binden, om ons egoïsme in haar onbaatzuchtige goddelijke wil op te lossen. Als we dit doen, zullen we zien dat Amma als een katalysator is die onze ontplooiing versnelt en ons aanmoedigt verder te gaan op dit tijdloze pad.

| |*oṁ lokāḥ samastāḥ sukhino bhavantu*| |

Om. Mogen alle wezens in alle werelden gelukkig zijn.

Richtlijnen voor de uitspraak van de Sanskriet citaten

God begrijpt ons hart. De vader weet dat de baby hem roept en voelt liefde voor het kind, of het nu vader zegt of dada. Op dezelfde manier zijn devotie en concentratie het belangrijkste element.

Amma

In het Sanskriet kunnen klinkers lang of kort zijn; de klinkers met een streepje erboven en de e, o, ai en au zijn lang. De ṛ wordt ook als een klinker beschouwd.

- a   als de a in kast
- ā   als de aa in naast
- i   als de i in kist
- ī   als de ie in vier
- u   als de oe in zoet
- ū   als de oe in boer
- r   als de rollende r in het Spaanse real
- e   als de ee in steen
- o   als de oo in toon
- ai   als de i in het Engelse mine
- au   als de ou in zout

Medeklinkers:
- k   als de k in kast
- kh   als de kh in blokhoofd
- g   als de g in het Engels game
- gh   als de gh in het Engelse dighard
- ṅ   als de ng in zing
- c   als de ch in chartervlucht
- ch   als de ch-h in het Engelse staunch heart

Uitspraak

j als de j in het Engelse joy
jh als de dge-h in het Engelse hedgehog
ñ als de nj in manjaar

De medeklinkers ṭ, ṭh, ḍ, ḍh en ṇ (met een punt eronder) worden uitgesproken met de punt van de tong tegen het gehemelte; dezelfde medeklinkers zonder punt eronder worden uitgesproken met de punt van de tong tegen de tanden.

t, ṭ   als de t in tam
th, ṭh   als de th in vasthouden
d, ḍ   als de d in dak
dh, ḍh   als de d-h in het Engelse red hot
n, ṇ   als de n in niets

p als de p in put
ph als de ph in ophouden
b als de b in boos
bh als de b h in het Engels rub hard
m als de m in muis

y als de j in jaar
r als de r in het Spaanse real
l als de l in liefde
v als de w in werkelijk
ṣ als de sj in meisje (met tong tegen gehemelte)
sh als de sj in meisje (met tong tegen tanden)
s als de s in suiker
h als de h in huis
ḥ h + echo van de klinker in de vorige lettergreep

Woordenlijst

ahimsa: geweldloosheid
Amrita Niketan: een weeshuis in Paripalli, district Kollam, Kerala, dat door Mata Amritanandamayi Math geleid wordt.
Amritapuri: Amma's hoofdāshram in Parayakadavu, district Kollam, Kerala
anādi: zonder begin
ananta: zonder einde, grenzeloos, oneindig
anātma: niet Ātma, dat wat niet het Zelf is, onderworpen aan verandering
añjali mudra: een vorm van eerbiedig groeten, waarbij men de handpalmen samenbrengt om een lotusknop te symboliseren
aparigraha: niet oppotten, niet nemen wat je niet nodig hebt; de laatste van de vijf yama's van Patañjali's ashtānga yogasysteem
archana: aanbidding door mantra's aan te bieden; in Amma's āshram betekent het het reciteren van de 108 namen van Amma en de Lalita Sahasranāma
Arjuna: een van de hoofdpersonen uit de Mahābhārata; hij wordt Krishna's leerling en ontvangt de wijsheid van de Bhagavad Gītā
arthārthi: iemand wiens devotie is gebaseerd op bidden om gunsten
asteya: niet stelen; de derde van de vijf yama's van Patañjali's ashtānga yogasysteem
ashtānga yoga: de yoga van de acht ledematen, de naam van een yogasysteem in acht stappen van Patañjali
avastha traya viveka: onderscheid maken tussen bewustzijn en de drie toestanden van de geest (waken, dromen en slapen)
Ādi Shankarāchārya: de mahātma die verantwoordelijk is voor het versterken van de Advaita Vedānta gedachteschool. Tot

Woordenlijst

zijn belangrijkste bijdragen behoren commentaren op tien Upanishaden, op de Bhagavad Gītā en op de Brahma Sūtra's.

āditya's: halfgoden, kinderen van Kashyapa en Aditi
āgāmi karma: verdiensten en fouten die zich opstapelen door ons handelen in het huidige leven
ākāsha: het element ruimte
ārati: een ritueel waarbij men met brandende kamfer voor een beeld, afbeelding of mahātma zwaait; ook het lied dat bij het uitvoeren van dit ritueel gezongen wordt
ārta: iemand wiens devotie voor God gebaseerd is op het bidden om problemen op te lossen
āsana: een yogahouding; yogamatje
āsuri sampat: duivelse eigenschappen
āshram: hindoeïstisch klooster, waar een guru met zijn leerlingen leeft
āshrama: een stadium in het leven.
Ātma: het Zelf, het eeuwige, gelukzalige bewustzijn dat de geest, het lichaam en het universum doordringt en verlicht
Ātma anātma viveka: onderscheid maken tussen dat wat Ātma (de onveranderlijke getuige) is en dat wat niet Ātma (alle veranderlijke objecten) is
Ātma jñāna: Zelfkennis
Ātma samarpanam: Zelfovergave
Ātma pūja: een ritueel dat Amma uitvoert en leidt voor het begin van Devi Bhāva
Bhagavad Gītā: letterlijk: het Lied van de Heer; een tekst van 700 verzen in de vorm van een discussie tussen de guru Krishna en de leerling Arjuna; wordt als een van de drie centrale teksten van het hindoeïsme beschouwd
bhajan: devotioneel lied
bhakti: devotie
bhāva: stemming

Bhūta yajña: het beschermen van flora en fauna als een vorm van aanbidding; een van de pañcha mahāyajña's

Brahma Sūtra's: 555 aforismen geschreven door Veda Vyāsa die het onderwijs van de Veda's over de hoogste waarheid in een context plaatsen en systematisch ordenen; een van de drie centrale teksten van het hindoeïsme

Brahma Yajña: het zich herinneren van de guru en de Veda's als een vorm van aanbidding; een van de pañcha mahāyajña's

brahmachāri: een ongehuwde, celibatair levende leerling van een guru

brahmachārya: celibaat; de vierde van de vijf yama's van Patañjali's ashtānga yogasysteem

brahmachārya āshrama: het eerste stadium in het traditionele Vedische leven, waarin men bij een guru woont en door hem wordt opgevoed

Brahman: het alomtegenwoordige, eeuwige, gelukzalige bewustzijn dat het individu en het universum doordringt; de uiteindelijke werkelijkheid volgens de Vedānta filosofie

brahmaan: een lid van de priesterkaste

Brihaspati: een halfgod die als de guru van alle halfgoden beschouwd wordt

buddhi yoga: de yoga van het intellect, een term die Krishna gebruikt voor de houding van karmayoga in de Bhagavad Gīta

chakra: letterlijk wiel; een netwerk van subtiele zenuwen die vooral in yoga, kundalini en tantrasystemen besproken wordt

dama: zintuigbeheersing

darshan: een audiëntie bij een godheid, guru of mahātma; Amma's omhelzing

deva: godheid; halfgod

devata: halfgoden

Deva yajña: aanbidding van God, vooral in de vorm van de elementen en de natuurkrachten; een van de pañcha mahāyajña's

Woordenlijst

Devi: de Godin, de Goddelijke Moeder van het Universum, de vrouwelijke manifestatie van God.

Devi Bhāva: een speciale darshan waarbij Amma de kleding en manieren van Devi aanneemt

daitya's: duivels; kinderen van Kashyapa en Diti

daiva sampat: goddelijke eigenschappen

dharma: de gedragscode die het welzijn van de wereld, de samenleving en het individu in aanmerking neemt

dhārana: de geest op één voorwerp concentreren; de zesde stap in Patañjali's ashtānga yogasysteem

dhyāna: meditatie; de zevende stap in Patañjali's ashtānga yogasysteem

drig drishya viveka: onderscheid maken tussen de ziener (het Zelf) en het waargenomene (het niet-Zelf)

Ganesha: een vorm van God met een olifantshoofd; hij symboliseert de hoogste godheid of een halfgod die verantwoordelijk is voor het verwijderen van hindernissen

Gaudapādācharya: de guru van de guru van Ādi Shankarāchārya; hij is de schrijver van een bekend commentaar op de Māndūkya Upanishad

grihasta āshrama: het leven in een gezin; het tweede stadium van het traditionele Vedische leven

guru bhāva: de stemming van de guru; wijst op de rol van de leraar en handhaver van discipline

guru seva: dienen volgens de instructies van de guru of als een offer aan de guru

guru: een spiritueel meester die de leerlingen onderricht geeft

Guruvāyūrappan: een vorm van Krishna die geïnstalleerd is in een tempel in Guruvāyūr in Kerala

hatha yoga: lichamelijke houdingen en rekoefeningen om het lichaam, de energie en de geest op meditatie voor te bereiden

himsa: geweld

Hanumān: een goddelijke aap in de Rāmayāna die volledig aan Sri Rāma is toegewijd; wordt door velen als God aanbeden

īshvara pranidhāna: overgave aan God; de laatste van de vijf niyama's van Patañjali's ashtānga yogasysteem

Integrated Amrita Meditation Technique:* ook bekend als IAM Technique*, een meditatietechniek die Amma samengesteld heeft en die over de hele wereld door de Mata Amritanandamayi Math onderwezen wordt

japa māla: een rozenkrans die gebruikt wordt voor het krijgen van concentratie en het tellen bij het herhalen van een mantra

jijñāsu: iemand met jijñāsa, het brandend verlangen naar kennis van God en het Zelf

jīvanmukta: iemand die de staat van jīvanmukti bereikt heeft, de bevrijding van alle verdriet terwijl men nog in leven is

jīvātma paramātma aikya jñāna: de kennis dat het bewustzijn in het individu hetzelfde is als het universele bewustzijn

jñāna: kennis, vooral van het Ātma

jñāna yoga: het leren en assimileren van de spirituele kennis die een levende meester aan zijn leerlingen geeft

jñānendriya: (jñāna + indriya) orgaan van kennis, waarmee de vijf zintuigen bedoeld worden (oren, huid, ogen, tong en neus)

kabadi: een Indiase sport waarbij twee teams de tegenoverliggende delen van een veld hebben en om de beurt een invaller naar de andere helft sturen. De invaller probeert naar zijn eigen helft terug te keren en houdt tijdens de hele inval zijn adem in.

Krishna: een incarnatie van God in menselijk vorm die ongeveer 5000 jaar geleden in Noord India geboren werd

Krishna Bhāva: een speciale darshan waarbij Amma de kleding en manieren van Krishna aannam

kashāya: het onvermogen om in meditatie volledige absorptie te verkrijgen door verlangens die in het onbewuste blijven

kottu kallu kali: kinderspel dat lijkt op het bikkelspel

Woordenlijst

kārika: commentaar in versvorm
karma: handeling, activiteit
karmayoga: een houding die men tijdens het handelen en het verkrijgen van de resultaten ervan handhaaft en waardoor men voorkeur en afkeer transcendeert
karmayogi: iemand die karmayoga beoefent
karmendriya: (karma + indriya), de vijf organen om te handelen (handen, benen, tong, voortplantingsorgaan en ontlastingsorgaan)
lakshya bodha: voortdurend bewustzijn van het doel
Lalita Sahasranāma: een litanie van duizend namen van de Goddelijke Moeder die haar deugden en eigenschappen beschrijft
laya: slaap als een hindernis voor meditatie
līla: goddelijk spel; het leven als een spel zien en op een onthechte manier handelen
manana: de tweede stap van jñāna yoga, alle twijfels verwijderen door overpeinzing en door vragen aan de guru te stellen
mantra dīksha: initiatie in een mantra
mantra: een heilige formule die om concentratie te verkrijgen en als gebed herhaald wordt
Manushya Yajña: voor je medemensen zorgen als een vorm van aanbidding, een van de pañcha mahā yajña's
Mahābhārata: een groot epos geschreven door Veda Vyāsa, waarvan de Bhagavad Gītā een onderdeel is
mahātma: (mahā + Ātma), een grote ziel, guru, heilige of wijze
Mā: een lettergreep die goddelijke liefde symboliseert en in Amma's Mā-Ommeditatie gebruikt wordt
Mā-Ommeditatie: een meditatietechniek die door Amma ontwikkeld is en waarbij men de inademing en de uitademing synchroniseert met de klanken Mā en Om
mānasa pūja: formele of informele aanbidding in gedachten
mārga: pad, weg

mārmika: een meester in de wetenschappen van vitale drukpunten

māya: illusie; dat wat alleen tijdelijk bestaat, wat altijd verandert

moksha: bevrijding

mumukshutvam: intense verlangen naar bevrijding

Nārāyana: een naam voor Vishnu

Nataraja: (nāta + rāja) de koning van de dans, een naam voor Shiva

Nididhyāsana: het derde en laatste aspect van jñāna yoga, assimileren wat men geleerd heeft

nishiddha karma: handelingen die door de geschriften verboden zijn

nishkāma karma: handelen zonder egoïstische verlangens

nirguna meditatie: meditatie op het Ātma, het Zelf, dat geen eigenschappen heeft

niyama: voorgeschreven regels voor een yogi, de tweede stap in Patañjali's ashtānga yogasysteem

Om: een heilige lettergreep die zowel God met als zonder vorm symboliseert, de essentie van de Veda's

padmāsana: (pādma + āsana) lotuszit, een zittende meditatiehouding waarbij ieder been op de dij van het andere been rust

pañcha mahā yajña's: de vijf grote vormen van aanbidding die iemand die een gezinsleven leidt volgens de Veda dagelijks moet verrichten totdat men sannyāsi wordt of sterft

parampara: afkomst, afstamming, vooral een guru-leerling lijn

Patañjali: een wijze uit de eerste of tweede eeuw v.C. die de Yoga Sūtra's en belangrijke teksten over de Sanskriet grammatica en āyurveda (traditionele Indiase geneeskunde) schreef

pāda pūja: rituele aanbidding waarbij de voeten (die Zelfkennis symboliseren) van een mahātma worden gewassen met offergaven van o.a. rozenwater, ghi, honing, yoghurt, kokoswater en melk

Woordenlijst

pāpa: de minpunten die men oploopt door egoïstische handelingen die anderen schaden; het tegenovergestelde van punya

pītham: heilige zetel waarop de guru traditioneel zit

Pitri Yajña: aan de overleden voorvaders offeren en voor je ouders zorgen als een vorm van aanbidding; een van de pañcha mahāyajña's

pranām: buigen als een teken van respect; ook het tonen van de añjali mudra of het aanraken van de voeten als teken van respect

prasād: een gewijde offergave; voedsel dat de guru geeft

pratyāhāra: terugtrekken van de zintuigen van waargenomen objecten, de vijfde stap in Patañjali's ashtānga yogasysteem

prāna: de levenskracht, ademhaling

prāna vīkshana: getuige zijn van de ademhaling

prānāyāma: (prāna + āyāma) 'de adem langer maken', methoden voor ademhalingscontrole die gebruikt worden voor de verbetering van de gezondheid en het verkrijgen van concentratie in meditatie; de vierde stap in Patañjali's ashtānga yogasysteem

prārabdha karma: resultaten van handelingen uit voorbije levens die in het huidige leven vrucht gaan dragen

punya: verdienste; het onzichtbare resultaat van handelingen die we met nobele intenties voor het welzijn van anderen verricht hebben

pūja: aanbidding, aanbiddingsritueel

pūjakamer: een kamer speciaal voor aanbidding en meditatie

Ranganāthan: een vorm van Vishnu geïnstalleerd in Tiruccirapalli, Tamil Nadu

Ramana Maharshi: een mahātma die van 1879-1950 in Tamil Nadu leefde

rasāsvada: (rasa + asvada), 'het proeven van de gelukzaligheid', een obstakel voor meditatie

rāga: toonladders in Indiase klassieke muziek

rishi: een gerealiseerde meester; vaak worden hiermee de oude wijzen bedoeld die de eersten waren die de Vedische mantra's en waarheden uitten

sadguru: een verlicht spiritueel meester

saguna meditatie: meditatie op een object met eigenschappen

sahaja samādhi: natuurlijke samādhi, blijvende absorptie van de geest in bewustzijn, gebaseerd op de kennis dat de essentie van alles alleen bewustzijn is

sakāma karma: handelingen als middel tot het verkrijgen van een materieel doel

samskāra: psychische eigenschappen die in iemand uit een vorig leven aanwezig zijn; hindoeïstische overgangsriten

sagarbha prānāyāma: de ademhaling synchroniseren met mantra's

Sant Jñaneshvar: 13de eeuwse heilige uit de buurt van Pune die een bekend commentaar op de Bhagavad Gīta schreef

sangha: gemeenschap

sankalpa: een krachtig besluit

sakha: vriend

samādhana: doelgerichte concentratie

samādhi: volkomen moeiteloze absorptie in het gekozen voorwerp van meditatie, de laatste stap in Patañjali's ashtānga yogasysteem

Sanātana Dharma: een naam voor het hindoeïsme, die de eeuwige manier van leven betekent, een leven gebaseerd op dharma; de principes ervan zijn universeel en eeuwig

sañchita karma: de totale voorraad karma van iemand die nog gemanifesteerd moet worden

sandhyā vandanam: een ritueel van een serie gebeden en buigingen dat orthodoxe hindoes, vooral brahmanen, bij zonsopkomst en zonsondergang verrichten

sannyāsa āshrama: het vierde en laatste stadium van het traditionele Vedische leven waarbij men alle relaties opgeeft om monnik te worden
sannyāsi: iemand die in sannyāsa is geïnitieerd; monnikschap
santosham: tevredenheid, de tweede van de vijf niyama's in Patañjali's ashtānga yogasysteem
satsang: een spirituele lezing; tijd doorbrengen in de aanwezigheid van heiligen, wijzen en andere spirituele zoekers
satya: waarheid, de tweede van de vijf yama's van Patañjali's ashtānga yogasysteem
sādhana: een middel tot een doel; een spirituele oefening
sādhana catushtaya sampatti: de vier kwalificaties voor Zelfkennis: viveka, vairāgya, mumukshutvam, en shamādi shadka sampatti
Sādhana Pañchakam: een tekst van vijf verzen die 40 spirituele instructies opsommen, geschreven door Ādi Shankarāchārya
sākshi bhāva: getuige zijn van de uiterlijke wereld en de mentale activiteit
sāri: traditionele kleding van Indiase vrouwen
seva: onbaatzuchtig dienen
sūtra: een aforisme, kennis gevat in een kort vers
svādhyāya: Zelfstudie, het bestuderen van de geschriften die je over het Zelf onderwijzen; de vierde van de vijf niyama's van Patañjali's ashtānga yogasysteem.
shama: controle over de geest
shamādi shatka sampatti: de zes eigenschappen shama, dama, uparama, titiksha, shraddha, samādhana
sharīra traya viveka: onderscheid maken tussen het Ātma en de drie lichamen: grof, subtiel en causaal
shaucham: netheid, de eerste van de vijf niyama's in Patañjali's ashtānga yogasysteem
shāstra: geschrift

Het Tijdloze Pad

shāsvata: eeuwig, tijdloos

Shiva: een vorm van God die of de kosmische kracht van ontbinding of de hoogste godheid symboliseert, afhankelijk van de context; bewustzijn; voorspoed

shraddha: Sanskriet: handelen uit vertrouwen in de guru en de geschriften; Malayālam: alertheid met betrekking tot handelen, woorden en gedachten

shravana: het luisteren naar spiritueel onderricht, de eerste van de drie stappen in jñāna yoga

Shrimad Bhāgavatam: de Bhagavata Purana, een tekst die aan Veda Vyāsa wordt toegeschreven en de verschillende incarnaties van Vishnu beschrijft, waaronder het leven van Krishna

Shuka Muni: de verlichte zoon van Veda Vyāsa

tabla: Indiaas handtrommeltje

tamas: de guna van lethargie, onwetendheid en luiheid

tapas: ascese, de derde van de vijf niyama's in Patañjali's ashtānga yogasysteem

titiksha: de bekwaamheid om geduld en gelijkmoedigheid te bewaren als men de verschillende ervaringen in het leven ondergaat zoals hitte en koude, plezier en pijn enz.

Upadesha Sāram: De essentie van Wijsheid, een tekst over spirituele oefeningen en het Zelf geschreven door Ramana Maharshi

Upanishaden: Vedische geschriften waarin de aard van het Zelf wordt verklaard; het filosofische gedeelte van de Veda's

uparama: standvastig volgen van je dharma

Varuna Deva: de halfgod die het gezag heeft over het water, vooral de oceanen en de regen

vairāgya: onthechting

vānaprastha āshrama: het derde stadium van het traditionele Vedische leven waarin men van huis vertrekt om een leven van meditatie in het bos of in een hermitage van een guru te leiden

vāsana: mentale neigingen, latent of manifest

Veda: de primaire teksten van het hindoeïsme. Er zijn er vier: Rig Veda, Sāma Veda, Atharva Veda en Yajurveda. Iedere Veda is ruwweg in 4 delen verdeeld: samhita, brāhmana, aranyaka en upanishad. Deze behandelen respectievelijk het reciteren van mantra's, rituelen, meditatie en de hoogste kennis. De Veda's zijn niet door de mens geschreven maar, naar men zegt, door God aan wijzen in hun diepe meditatie geopenbaard. Oorspronkelijk werden de Veda's mondeling geleerd. Ze werden pas 5000 jaar geleden geclassificeerd en opgeschreven.

Veda Vyāsa: een zeer belangrijke heilige in de geschiedenis van het hindoeïsme. Aan hem worden het samenstellen van de Veda's toegeschreven en het schrijven van de Brahma Sūtra's, de Mahābhārata, de Shrimad Bhāgavatam en veel andere belangrijke hindoeïstische teksten.

videha mukta: iemand die videha mukti bereikt heeft: totale vrijheid van het lichaam en van de eindeloze cyclus van geboorte en dood

vikshepa: mentale onrust, een hindernis bij het mediteren

Vishnu: een vorm van God die of de kosmische kracht van het handhaven van de schepping of de hoogste godheid symboliseert, afhankelijk van de context

viveka: denken met onderscheid, speciaal de capaciteit om onderscheid te maken tussen het eeuwige Zelf en het niet eeuwige niet-Zelf

viveka buddhi: een zuiver intellect dat het vermogen heeft om met onderscheid te denken

yajña: een Vedisch ritueel, een vorm van aanbidding; een houding bij iedere handeling die je helpt om Zelfrealisatie te bereiken

yama: verboden activiteit, de eerste stap in Patañjali's ashtānga yogasysteem

Yoga Sūtra's: een verzameling van 196 aforismen geschreven door de wijze Patañjali, waarin het ashtānga yogasysteem wordt uiteengezet

yoga: opgaan in, versmelten met

Yudhishthira: de oudste van de vijf Pāndava's, de edele broers in het epos de Mahābhārata

www.ingramcontent.com/pod-product-compliance
Lightning Source LLC
LaVergne TN
LVHW051729080426
835511LV00018B/2951